PRESENTADO A:

---------------------------------------------------------------

DE:

---------------------------------------------------------------

FECHA:

---------------------------------------------------------------

# Libro devocionario de Dios para Chicas

Unilit

Sepa

Publicado por
Unilit
Miami, FL 33172

© 2007 Editorial Unilit (Spanish translation)
Primera edición 2007
Primera edición abreviada 2012 (*Libro devocionario de Dios para Chicas*)

© 2004 por Bordon Books
Originalmente publicado en inglés con el título:
*God's Little Devotional Book For Girls* por
Cook Communications Ministries
4050 Lee Vance View,
Colorado Springs, Colorado 80918 U.S.A.
Todos los derechos reservados.

Traducción: *Grupo Nivel Uno, Inc.*

A menos que se indique lo contrario, las citas bíblicas se tomaron de la Santa Biblia,
*Nueva Versión Internacional*. © 1999 por la Sociedad Bíblica Internacional.
El texto bíblico señalado con rv-60 ha sido tomado de la versión Reina Valera ©
1960 Sociedades Bíblicas en América Latina; © renovado 1988 Sociedades Bíblicas
Unidas. Utilizado con permiso.
Reina-Valera 1960® es una marca registrada de la American Bible Society, y puede
ser usada solamente bajo licencia.
Las citas bíblicas señaladas con TLA se tomaron de la *Biblia para todos*, © 2003.
Traducción en lenguaje actual, © 2002 por las Sociedades Bíblicas Unidas.
Las citas bíblicas señaladas con DHH se tomaron de *Dios Habla Hoy*, la Biblia en
Versión Popular por la Sociedad Bíblica Americana, Nueva York. Texto © Sociedades
Bíblicas Unidas 1966, 1970, 1979.
Las citas bíblicas señaladas con NBLH se tomaron de la Santa Biblia, *Nueva Biblia
Latinoamericana de Hoy*. © 2005 por The Lockman Foundation.
Las citas bíblicas señaladas con LBD se tomaron de la Santa Biblia, *La Biblia al Día*. ©
1979 por la Sociedad Bíblica Internacional.
Usadas con permiso.

Producto: 497145 • ISBN: 0-7899-1889-7 • ISBN: 978-0-7899-1889-5

Impreso en Colombia
*Printed in Colombia*

Categoría: Jóvenes /Niños /Devocional
*Category: Youth /Children /Devotional*

# Introducción

¿**Q**uién puede encontrar una mujer virtuosa, honesta, valiosa y pura? Es más valiosa que las piedras preciosas (lee Proverbios 31:10, RV-60) «¿Cómo llegó a ser una mujer virtuosa?», te preguntas. Sus padres y los que la aman la llenaron del amor y la bondad de Dios desde que tenía tu edad o era más pequeña aun. Este maravilloso devocionario está lleno de historias divertidas, pasajes bíblicos poderosos y principios de vida escritos para que sirvan de ayuda a la hora de que una joven como tú se convierta en lo que Dios quiere que sea.

Experimentarás la presencia y la dirección de Dios a través de estas historias de chicas de tu misma edad. Puedes aprender principios espirituales que cambian vidas acerca de la fe, la amistad, la bondad y otros valores cristianos. Descubre lo mucho que te ama Dios. Comprende que a sus ojos eres bella, y que la belleza y la piedad van juntas.

Con el *Libro devocionario de Dios para chicas* puedes tomar un agradable descanso de la escuela y de las actividades extra-curriculares y descubrir al Dios que te ama, te conoce y quiere convertirte en todo para lo que te creó Él.

# Una nueva actitud

**Cuántas personas se detienen porque tan pocas dicen:
¡Avancen!**

—Yo solo sé que me va ir mal en la prueba de geografía —se quejó Courtney con su prima mayor, Randi.

—¿Cómo puedes saber eso? —preguntó Randi.

—Porque no soy buena memorizando cosas.

—¿Prestaste atención en clase e hiciste toda la tarea? —preguntó Randi—. ¿Y siempre estudias mucho para las pruebas?

—Sí, pero igual no sirve —dijo Courtney con tristeza—. Un niño de mi clase dice que las niñas no somos buenas con los mapas y todas esas cosas. No tiene sentido. Voy a reprobar, haga lo que haga.

—Espera un minuto —dijo Randi—. Tienes que olvidar lo que dijo ese niño. Muchos niños son malos con los mapas también, ¡mi papá siempre se pierde cuando hacemos viajes en auto! Me parece que estás haciendo las cosas bien. Tal vez solo necesites un cambio de actitud.

—¿Cómo? —preguntó Courtney.

—Tienes que decirte que eres inteligente, que sabes cómo estudiar y que vas a pasar este examen. ¡Cree en ti misma!

—¿Y por qué lo creería?

—Porque yo lo hago —le dijo Randi—. Sé que puedes hacerlo. Mira lo buena que eres en las otras materias.

—Tal vez tengas razón. Tal vez sea más inteligente de lo que creo que soy.

—Lo eres —dijo Randi—. No hay duda en eso. Sé que con una buena actitud, vas a hacer muy bien esa prueba. Y yo voy a ayudarte a estudiar para ella.

—¡Te creo! —dijo Courtney con confianza en su voz—. Ahora mismo voy a empezar a estudiar. ¿Quién dijo que no puedo sacar una A?

—¡Yo no! —dijo Randi alcanzándole el libro de geografía.

## Recuerda

*Con tu ayuda venceré al enemigo y podré conquistar sus ciudades.*
*Salmo 18:29, TLA*

## CREE EN TI MISMA.

### ¡Tú puedes hacerlo!

*Tú eres una hija del Rey. Él lo sabe todo y estará feliz de compartir todo su conocimiento contigo. Y Él cree en ti. Esa es una combinación ganadora.*

# Música para los oídos de Dios

**La alabanza es música para los oídos de Dios.**

—En verdad, me encanta la música —dijo Shanika mientras sacudía la cabeza siguiendo la música con los auriculares puestos.

—¡A mí también! —gritó el papá, esperando que Shanika pudiera oírlo.

—¿Qué? —dijo Shanika quitándose los auriculares.

—A mí también —repitió el papá.

—Contándome a mí, somos tres —dijo Jordie, el hermano menor de Shanika, mientras entraba en la habitación.

—¿Saben de dónde viene la música? —preguntó el papá.

—No —dijo Shanika.

—Bueno, hay una antigua leyenda judía que dice que después que Dios creó el mundo, Él llamó a los ángeles y les preguntó qué pensaban de su trabajo. Uno de los ángeles dijo: "Falta algo, no hay ningún sonido para tu alabanza". Entonces, Dios hizo la música. Se escuchaba en el murmullo del viento y en el canto de los pájaros. Adán y Eva aprendieron a cantar imitando el sonido del viento en los árboles y el canto de los pájaros. Luego, un día comenzaron a preguntarse si tenían dentro de sus corazones su música propia. Después de todo, si cada clase de pájaro tenía un tipo de música diferente, tal vez tuvieran un tipo de música propia dentro de ellos. Entonces, abrieron sus bocas y comenzaron a cantar.

—Grandioso —dijo Jordie.

—Y luego —dijo el papá—, la Biblia dice que en el tiempo de Adán y Eva, una de las personas de aquella época era Jubal, de él se dice que "fue el antepasado de los que tocan el arpa y la flauta". Y así fue que se inventaron los instrumentos musicales para ir acompañando a las canciones.

Luego el papá les propuso un desafío:

—En esta tarde lluviosa que no pueden salir a jugar, ¿creen ser ustedes dos lo suficientemente creativos como para inventar un instrumento musical nuevo con las cosas que hay en casa y usarlo para acompañar una canción compuesta por ustedes?

¡A Shanika y a Jordie les tomó toda la tarde descubrir que sí podían!

### Recuerda

*Canten al Señor con gratitud; canten himnos*
*a nuestro Dios, al son del arpa.*
*Salmo 147:7, DHH*

**A DIOS LE ENCANTA ESCUCHARNOS CANTAR PARA ÉL.**

¡Tú puedes hacerlo!

*Compón una nueva canción para*
*cantar a Dios. ¡A Él le encantará oírla!*

# Receta para la alegría

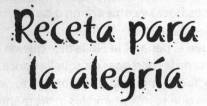

**La alegría solo es verdadera si las personas consideran sus vidas como un servicio, y tienen un objetivo definido en la vida que vaya más allá de ellas mismas y de su felicidad personal.**

—Pareces estar un poco decaída —dijo la mamá de Lena—. ¿Sucede algo?

—Estoy aburrida —dijo Lena—. Kammi y Lynda están de campamento. Estoy cansada de leer. La escuela apenas comienza dentro de dos semanas...

—Parece bastante desalentador —dijo la mamá.

—¡Así es! —contestó Lena.

—¿Qué piensas hacer al respecto? —preguntó la mamá.

—¿Qué puedo hacer? —dijo Lena.

La mamá tomó una tarjeta en blanco de la caja de recetas que tenía sobre la encimera. Escribió en la tarjeta durante un minuto o dos, y se la dio a Lena.

—Léela en voz alta para mí —dijo.

—Receta para la alegría —leyó Lena—. Haz algo agradable para alguien que ames y ora a Dios mientras lo estés haciendo.

—¿Eso me dará alegría?

—Te lo garantizo —dijo la mamá—. Siempre me da resultado. Si miras dentro de tu corazón y haces algo por amor a otra persona, sentirás alegría.

Lena miró la tarjeta por unos minutos más y luego se retiró hacia su habitación. Regresó al cabo de unos minutos con varios libros de música bajo el brazo.

—Vuelvo en más o menos una hora —dijo Lena mientras se dirigía a la puerta de entrada.

—¿Adónde vas? —preguntó su mamá.

—A la casa de la señora Martínez, que vive en esta calle y le encanta escucharme tocar el piano, es probable que esté más aburrida que yo. Creo que iré y tocaré para ella.

Su mamá vio una gran sonrisa en la cara de Lena mientras esta ponía los libros de música en el canasto de su bicicleta y salía pedaleando hacia la calle.

## Recuerda

*Estén siempre alegres.*
*1 Tesalonicenses 5:16*

### «ESTAR ALEGRES» ES UN MANDAMIENTO.

*Tú tienes la capacidad de decidir si tendrás alegría. La clave de la alegría está en ayudar a otros, dar a otros o compartir con otros. Todos tienen a alguna persona a la cual ayudar, dar o compartir.*

# La visita

**Nada como una buena palabra para cambiar
una mala situación.**

—Tenemos que apurarnos —dijo la mamá a Viona—. Queremos asegurarnos de llegar antes de que termine el horario de visita para poder ver a Felix.

Mientras subían en el ascensor hasta el octavo piso del hospital, Viona dijo:

—Mamá, estoy nerviosa. ¿Qué debería decirle a Félix?

—Félix ha sido tu amigo por años —dijo la mamá—. Solo dile lo que le dirías si no estuviera enfermo.

—Pero está enfermo —dijo Viona—. Tiene cáncer, y eso significa que podría morir.

El ascensor se detuvo, y la mamá y Viona salieron y entraron a la sala de espera.

—Viona, nadie excepto Dios sabe si él va a morir. Yo estoy orando y creyendo que Félix va a vivir, y esta noche antes de irnos, vamos a tomarnos de las manos con Félix y a pedirle a Dios que lo sane. Si Dios lo sana o no, es tarea de Dios. Nuestra tarea es orar con fe.

»Nuestra tarea es levantarle el ánimo a Félix —continuó la mamá—. Tenemos que decirle que lo queremos y que esperamos con ansias que regrese a casa. Tenemos que contarle cómo andan las cosas en el vecindario, así no se siente que se está perdiendo algo.

—Entiendo —dijo Viona. Se levantó y se dirigió a la habitación de Félix.

—Hola Félix —dijo animada—. No sabes cuánta falta nos hiciste anoche. Nos dieron una paliza en el partido de fútbol, perdimos ocho a dos. Déjame que te cuente cómo fue el juego.

Félix quiso saber todos los detalles. Durante la siguiente media hora, se le olvidó que estaba enfermo.

*Saluden de mi parte a los miembros de la iglesia.*
*Colosenses 4:15, TLA*

## UNA PALABRA POSITIVA ES PODEROSA.

*Las palabras buenas que le dices a otra persona pueden hacer que cambie su vida... ¡para bien! Pídele a Dios que te muestre lo mejor que puedas decirle a la próxima persona con la que te encuentres.*

# La buena obra

**El placer secreto de un acto generoso es la maravillosa recompensa de las grandes mentes.**

Kathy no se quejó para nada cuando su madre le pidió que cortara el césped de su jardín, debido a que su hermano estaba en el campamento. Le encantaba ayudar.

Con las instrucciones y ayuda de su mamá, comenzó a empujar hacia adelante y atrás la pequeña cortadora por el terreno. Era más difícil de lo que había pensado que sería, pero disfrutaba del sol del verano.

Kathy no estaba cansada cuando terminó con el jardín, y no tenía ganas de volver a entrar a la casa. Entonces se dio cuenta que el césped de sus vecinos había crecido mientras estaban unos días afuera. Así que comenzó a cortarlo también.

Comenzó a sentirse cansada antes de terminar, pero no quería dejar su trabajo incompleto. Además, a lo mejor ellos se sentían tan agradecidos que ofrecerían pagarle algo. Entonces tendría suficiente dinero para comprar ese traje de baño que quería.

«Eso estuvo bien», le dijo la mamá cuando ella entró. «Sé que los Smith lo apreciarán». Kathy se preguntaba cuánto.

Varios días después, Kathy escogió un momento tranquilo para preguntar:

—Mamá, ¿por qué los Smith no agradecieron lo que hice?

Algunas veces le pagan a alguien para que corte su césped.

—¿Lo hiciste por eso, por dinero? —preguntó la mamá.

—Bueno, al principio no... —la voz de Kathy fue apagándose.

—Querida, cuando tú haces algo por alguien sin esperar nada a cambio, ni siquiera las gracias, obtienes la mayor recompensa de todas.

Justo en ese momento, sonó el teléfono y Kathy contestó.

—Kathy, soy Linda Smith. Jim y yo nos hemos dado cuenta que alguien ha cortado el césped por nosotros. Sospechamos que tú o tu hermano lo han hecho. Queremos agradecerles y decirte que si quieres el trabajo, ¡estás contratada!

### Recuerda

«Benditos sean del SEÑOR, porque han mostrado esta bondad».
2 Samuel 2:5, NBLH

## TESTIFICAR ES PLANTAR UNA SEMILLA.

### ¡Tú puedes hacerlo!

*Sorprende a alguien con una buena acción todos los días. Es una manera de testificar del amor de Dios.*

# Mi amiga

**Mi mejor amiga es la que resalta lo mejor de mí.**

—No sé por qué siempre te sientas con Gloria a la hora del almuerzo —le dijo Rhonda a Laurel—. Podrías sentarte con nosotras alguna vez. Eso te haría un poco más popular.

—Gloria y yo somos amigas desde que nacimos —se rió Laurel—. Me gusta almorzar con ella.

—¿Pero por qué? —preguntó Rhonda—. A veces Gloria dice cosas en realidad estúpidas.

—¿Te parece? —dijo Laurel—. No me había dado cuenta. Sé que Gloria nunca piensa que lo que yo digo es estúpido.

—Ni siquiera sabe cómo vestirse, ¿viste el conjunto que tiene puesto hoy?

—Me parece que el conjunto que tiene es divertido —le dijo Laurel a Rhonda—. A Gloria siempre le parece que yo me veo muy bien.

—Gloria en realidad no es buena en nada: ni en clase, ni en deportes, ni en nada —dijo Rhonda.

—Pero Gloria siempre está dispuesta a aplaudir a los que hacen las cosas bien, y siempre está dispuesta a decir "felicidades" a los ganadores —dijo Laurel. Luego añadió—: ¿Y sabes qué, Rhonda? Gloria nunca te criticaría, ni a ti ni a otro de la forma que tú la estás criticando. Eso es lo que la hace especial para mí.

—Bueno, me imagino que Gloria y tú son de la misma clase. Dos perdedoras —dijo Rhonda con un malvado tono de voz.

Laurie esbozó una sonrisa.

—Puede ser que Gloria y yo seamos perdedoras ante tus ojos, aun ante los ojos de muchas otras niñas, pero yo sé esto: Es mi amiga y yo soy su amiga. ¡Y solo por eso, nosotras nos vemos como ganadoras!

*En todo tiempo ama el amigo.*
*Proverbios 17:17*

## RESPALDA A TUS AMIGOS.

*¡Elogia, alienta, aplaude y ama a tus amigos! No permitas que otros los humillen sin defenderlos.*

# Las galletitas

**No hay peligro de cansarse la vista por mirar el lado bueno.**

William y su amiga Rena estaban disfrutando de un día en la nieve. Rena había ido esa mañana a la casa de William para hacer un muñeco de nieve. La mamá de William les había dado un sombrero viejo, un par de guantes, una bufanda y una zanahoria para la nariz. Los dos niños estaban convencidos que su creación era el mejor hombre de nieve que habían visto.

La mamá de William los llamó para que tomaran chocolate caliente y comieran galletitas dulces recién horneadas. Este estaba siendo un día absolutamente grandioso.

—Mi mamá nunca hace galletitas —dijo Rena—, siempre las compramos hechas. Y nunca me da las cosas para vestir un muñeco de nieve.

—Tu mamá trabaja en el centro, ¿no? —preguntó la mamá de William.

—Sí —dijo Rena.

—Seguro que tiene que levantarse muy temprano para ir a trabajar —adivinó William.

—Sí, se va antes de que yo salga para el colegio. Mi hermano me lleva a la parada del autobús.

—Fue genial cuando vino a la escuela a contarnos cómo es ser abogado —dijo William—. Eso es lo que quiero ser algún día.

—Había olvidado eso —dijo Rena—. Pero me gustaría que estuviera más tiempo en casa.

—Estoy segura que a ella también le gustaría pasar más tiempo contigo y tu hermano —dijo la mamá de William—, siempre la veo en los actos de la escuela. Y el mes pasado fue a la excursión de la escuela contigo.

—Ya sé —suspiró Rena—. Hace un montón de cosas geniales por mí, como cantarme cuando me voy a dormir. ¡Pero me gustaría que hiciera galletitas como estas!

—¿Quién dice que no las puedas hacer tú para ella? —preguntó la mamá de William—. Me parece que eso le gustaría.

—¡Muy bien! —dijo William—. ¡Traeré los pedacitos de chocolate!

## Recuerda

*Sabemos cuánto nos ama Dios porque hemos sentido ese amor.*
1 Juan 4:16, LBD

**TOMA LA DELANTERA CUANDO SE TRATE DE DEMOSTRAR AMOR.**

¡Tú puedes hacerlo!

*Las personas que nos aman tienen muchas cosas que hacer en sus vidas, así que no siempre pueden hacer lo que quisiéramos que hagan. Eso no significa que no nos amen y no debería impedirnos hacer cosas amorosas para ellos.*

# El espejo

**Al crecer como personas únicas, aprendemos a respetar la singularidad de los otros.**

—¿Por qué frunces el ceño? —le preguntó la mamá a Shara—. Es una niña maravillosa y linda la que se ve en el espejo.

Shara no se estaba arreglando para salir, solo estaba probando diferentes peinados y maquillajes delante del espejo.

—No creo que tenga la más mínima posibilidad —dijo Shara con un suspiro.

—¿Posibilidad de qué? —preguntó la mamá.

—La posibilidad de ser bonita.

—¡Pero lo eres, querida! —dijo la mamá.

—Tú eres mi madre y tienes que decirlo —contestó Shara—, pero mi nariz es muy grande, y tengo muchas pecas y mi cabello nunca hace lo que quiero. Y además de eso, soy demasiado alta.

—¡Vaya!, a mí me parece bien —dijo la mamá.

—Ma-má —se lamentó Shara—, admítelo, no soy bonita. Soy simpática e inteligente y con mi personalidad está todo bien. Toco la flauta bastante bien, pero NO SOY bonita.

—Shara —dijo la mamá—, creo que eres adorable y también creo que te pareces a la tía Carolyn cuando tenía tu edad… y es una mujer muy hermosa. Pero no tiene importancia lo que yo creo. Lo que importa es lo que tú crees.

Shara no dijo nada. La mamá continuó:

—Dios te ha hecho como eres. Él debe haber querido una niña alta con pecas que lo quiera. Tu cabello es lindo si no tratas de recogerlo. Dios debe haber querido una niña alta, con pecas y que usara el cabello suelto. Y tu nariz no es demasiado grande para tus otros rasgos. Dios hizo la nariz apropiada para tu cara.

Y concluyó:

—¿Crees que Dios comete errores?

—No —dijo Shara.

La mamá sonrió:

—Yo tampoco. ¡Nada en tu aspecto deja de ser una alabanza a Dios!

*Dios mío, tú fuiste quien me formó en el vientre de mi madre. Tú fuiste quien formó cada parte de mi cuerpo.*
Salmo 139:3, TLA

## CUANDO DIOS TE HIZO, ÉL DIJO «ES BUENO».

*Si hay algo de tu aspecto físico que no te gusta y puedes cambiarlo, hazlo. Si no lo puedes cambiar, alaba a Dios por eso. Él tuvo una buena razón para hacerte como eres.*

# Alimenta a Tigger

**Todas las criaturas grandes y pequeñas
las creó el Señor Dios.**

—¿Le diste de comer a Tigger? —preguntó la mamá.

Tigger era la gata de la familia, una gran gata atigrada que unas semanas atrás la recogieron en un refugio para animales. Ronroneando, Tigger había encontrado su camino hacia la falda y el corazón de todos los miembros de la familia. Era un animal dulce y adorable.

—Después le doy —dijo Angelina—, ahora estoy viendo un programa en la televisión.

Angelina apenas desviaba la vista de la pantalla mientras hablaba.

—Por favor, dale de comer ahora mismo —dijo la mamá—, son las seis de la tarde.

—¿No puede esperar unos minutos más? —preguntó Angelina.

—No —contestó la mamá—, estuvimos de acuerdo en que alimentarías a Tigger antes de cenar. Los animales necesitan poder contar con su comida a ciertas horas.

—Está bien —dijo Angelina.

Tigger estaba siendo un poco más molesta de lo que había pensado. Su mamá también esperaba que ella vaciara la caja sanitaria y la cepillara todos los días.

—Me parece que yo tengo que hacerlo todo —suspiró.

—Angie, hablemos un minuto —dijo la mamá—. Tú fuiste la que quiso tener un gato. Tú fuiste la que eligió a Tigger en el refugio. Tú fuiste la que dijo "yo la cuidaré" aun después de que te explicamos lo que eso significaba. Tú eres quien insistes que la gata es tuya. Cuando Dios nos da un animal para cuidar, Él espera que lo cuidemos, no que lo olvidemos.

—Ya lo sé —dijo Angelina—, solo es que da mucho trabajo.

—Todo lo que amamos —dijo la mamá—, nos da trabajo, incluyendo nuestras relaciones con cada persona que amamos.

Luego se levantó y le dio a Angelina un abrazo mientras le decía:

—La manera en que hoy cuidas a Tigger te va preparando para que algún día puedas cuidar a otras personas, tal vez a una hija.

## Recuerda

*El que es fiel en lo muy poco, también en lo más es fiel.*
*Lucas 16:10, RV-60*

### SER FIEL FORMA AL CARÁCTER.

¡Tú puedes hacerlo!

*Cuando cuidas a una mascota o haces una tarea con regularidad sin que te lo recuerden, estás mostrando autodisciplina. Esa es una de las facetas más importantes que puedes desarrollar de tu carácter.*

# Proyecto para un día de lluvia

**En lugar de quejarte... entra ahí y mejora las cosas.**

—Mamá, no tengo nada que hacer. Está lloviendo y estoy aburrida —se quejó LeeAnn.

—Necesito algo de ayuda para hacer la lasaña para esta noche. Hoy, nuestro grupo comunitario va a servir la cena en el refugio para los desamparados. Es el turno de nuestra familia para llevar la comida. ¿Me puedes ayudar? —preguntó la mamá.

—Yo soy buena en revolver y cortar.

—Busquemos la receta y miremos si tenemos todos los ingredientes que necesitamos.

LeeAnn leyó los ingredientes en voz alta mientras la mamá miraba en las alacenas.

—Tomates y puré de tomate, la pasta para hacer lasañas, carne picada, especies, queso, huevos, cebollas...

—No tenemos cebollas —dijo la mamá—. Voy a llamar a la Sra. Ross a ver si me puede dar algunas. Luego puedes ir hasta allá y buscarlas.

Su vecina, la Sra. Ross, le abrió la puerta y le dio unas cuantas cebollas a LeeAnn.

—¿Qué están haciendo? —preguntó.

—Estamos haciendo lasaña para llevar esta noche al refugio de los desamparados. No teníamos cebollas.

—¿Necesitan algo más? —preguntó la Sra. Ross—. Puedo hacer una torta para el postre.

—Estoy segura que siempre les viene bien —dijo LeeAnn—. La pasaremos a buscar cuando vayamos a servirles.

—Me alegra poder ayudar.

La tarde pasó con rapidez cocinando y horneando. La comida estuvo lista para salir a las cuatro de la tarde. Cuando llegó el papá, pasaron por la casa de la Sra. Ross a buscar la torta y después fueron al refugio.

Después de la cena, LeeAnn encontró un rinconcito donde jugaban los niños más pequeños.

—Les leeré un cuento mientras sus mamás lavan la ropa.

Los Andersons estaban muy cansados cuando llegaron a casa. Aun así todos estuvieron de acuerdo en que querían volver a ir a ayudar.

## Recuerda

*Ayuden a los hermanos necesitados.*
*Romanos 12:13*

**DIOS QUIERE HACER SU TRABAJO POR MEDIO DE TI.**

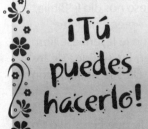

¡Tú puedes hacerlo!

*Pregúntale a Dios qué puedes hacer. Nunca eres demasiado joven ni viejo para hacer algo bueno para los otros.*

# Conversación con Dios

**Cuando hayas leído la Biblia, sabrás que es la Palabra de Dios, porque habrás encontrado en ella la llave de tu propio corazón, tu propia felicidad y tu obligación.**

—¿Qué estás haciendo? —le preguntó Peter a su hermana mayor, Hannah.

—Leyendo mi Biblia —dijo Hannah.

Ella acomodó un almohadón e invitó a su hermano a sentarse a su lado. Hannah en realidad quería a su hermanito y sabía que él la adoraba. Aunque se llevaban cinco años, disfrutaban muchos momentos divertidos.

—¿Vas a ser una predicadora como el pastor Thomas? —preguntó Peter.

—No —dijo Hannah—. La Biblia está para que la lean todas las personas, hasta los niños y las niñas.

—¿Por qué? —preguntó Peter.

—Es como tener una conversación con Dios —dijo Hannah—. Dios nos quiere decir algo, para eso nos dio la Biblia.

—¿Él te habla como mi libro parlante? —preguntó Peter.

Hannah sonrió. A Peter le encantaba que le leyera ese libro que al apretar los botoncitos se escuchaban los sonidos de los animales. Algunas veces ella deseaba que Dios le hablara con una voz que pudiera oír.

—No —le dijo Hannah—. Las personas que escucharon a Dios a través de sus corazones escribieron lo que Él les dijo en este libro. Por eso cuando lo leo, es como si escuchara lo que Dios tiene que decirme acerca de las cosas.

—¿Qué te dice Dios? —preguntó Peter.

—Me dice lo que está bien y lo que está mal. Me dice lo que es bueno y lo que es malo. Me dice cómo debo tratar a las otras personas. Hasta me dice cómo debo tratar a mi hermanito.

—¿Te dice eso? —preguntó Peter con ojos muy abiertos por el asombro—. ¿Y qué te dice?

—Me dice que tengo que quererte mucho y enseñarte a que leas la Biblia tú mismo —le dijo Hannah.

Y con una gran sonrisa añadió:

—Y me parece que me dice que te dé un gran abrazo y diez besos seguidos y después te haga cosquillas.

## Recuerda

*Toda la Escritura es inspirada por Dios y útil para enseñar, para reprender, para corregir y para instruir en la justicia.*
*2 Timoteo 3:16*

## LA BIBLIA ES NUESTRO MANUAL PARA LA VIDA.

### ¡Tú puedes hacerlo!

*Si quieres la opinión de Dios en cuanto a qué pensar, creer, sentir, decir o hacer... ve a tu Biblia. Tiene respuesta para todo lo que necesitas.*

# La marca

**No pierdas tiempo discutiendo sobre cómo
debería ser un buen hombre. Sé uno.**

Los Thompson estaban viajando a la casa de unos parientes
para asistir a una gran reunión familiar por el Día de Acción
de Gracias cuando pararon a tomar un poco de aire fresco,
unas botellas de agua de la nevera portátil del maletero y «estirar
las piernas», como dijo el papá.

La parada de descanso estaba al lado de un antiguo
cementerio.

—Mira las lápidas —dijo Rosemarie—, son realmente grandes y están talladas y decoradas.

—Mira aquella —dijo Norm—. Tiene un gran ángel encima.

—Tal vez sea el área del cementerio para niños —dijo la
mamá.

—¿Cómo te das cuenta? —preguntó Norm.

—Porque las tumbas están muy cerca unas de otras —dijo
la mamá.

—¿Podemos ir a ver? —preguntó Rosemarie.

—Seguro —dijo la mamá—, caminaré con ustedes mientras
papá arregla algunas cosas en el maletero del auto.

Los niños descubrieron que la lápida con el ángel marcaba
la tumba de una niñita que murió cuando tenía solo seis años.
Norm leyó en voz alta el nombre de la niña y los datos de su vida

en la lápida de mármol blanco. Después, Rosemarie leyó en voz alta estas palabras talladas en la piedra:

«Una niña de quien sus compañeros de juego dijeron: "Era más fácil ser buenos cuando ella estaba con nosotros"».

En realidad, no había mucho más que decir. La mamá y Rosemarie iban tomadas de las manos mientras caminaban hacia el auto. Hasta Norm estaba callado.

—Puede que solo fuera una niñita —dijo la mamá—, pero hizo que su vida tuviera en verdad importancia. Influyó en las personas para siempre.

—Sé que ha influido en mí —dijo Rosemarie.

—También sobre mí —agregó Norm con suavidad.

## Recuerda

*El fruto del Espíritu es [...] bondad.*
*Gálatas 5:22*

## LAS PERSONAS RECUERDAN EL BIEN QUE HACES.

### ¡Tú puedes hacerlo!

*Si quieres que otras personas se sientan bien contigo, ten buenos pensamientos de ti, di cosas buenas acerca de ti y hazte el bien... ¡sé buena!*

# ¿Cuál será?

**Tienes que hacer tus propias elecciones y después vivir con ellas.**

Sonji había comenzado sus lecciones de clarinete cuando estaba en segundo grado y había aprendido a leer música. Todos esos puntos y líneas en las partituras comenzaban a tener sentido. Aprender la digitación para cada nota había sido difícil, pero estaba mejorando. Lo más importante, esos sonidos chirriantes de las primeras clases empezaban a desaparecer.

Sonji había querido aprender a tocar el clarinete durante mucho tiempo. Les preguntó a su mamá y a su papá si podía tener uno. Al principio alquilaron uno, luego como seguía practicando, le compraron uno.

Sin embargo, después de dos años de lecciones de clarinete, comenzó a practicar menos tiempo. No era exactamente que hubiera perdido el interés, sino que le interesaban también otras cosas... como la gimnasia.

Sus padres habían establecido un límite de actividades para hacer después de clases durante el año escolar. Ella era exploradora, tomaba clases de clarinete y se reunía una noche a la semana con el grupo juvenil de su iglesia. No había mucho tiempo para clases de gimnasia a menos que abandonara alguna otra actividad.

Sonji no era de las que hacían las cosas a medias. Si iba a tomar parte en algo, siempre quería hacerlo lo mejor posible. Lo charló con sus padres, pero ella debía tomar la decisión. Gimnasia o clarinete. ¿Qué elegiría?

Sonji oró para poder tomar una sabia decisión. Luego les anunció a sus padres su decisión: continuaría con las lecciones de clarinete.

—¿Qué fue lo que te hizo elegir el clarinete? —le preguntó el papá.

—Puedo tomar algunas clases de gimnasia en la clase de educación física de la escuela —dijo Sonji—. Y creo que voy a poder tocar el clarinete por mucho más tiempo del que yo podría participar en competencias deportivas.

—¡Qué buena elección! —dijo la mamá.

## Recuerda

*SEÑOR, en ti confío, y digo: «Tú eres mi Dios».*
*Mi vida entera está en tus manos.*
*Salmo 31:14-15*

## DIOS SE PREOCUPA DE CADA DETALLE.

¡Tú puedes hacerlo!

*Ora por lo que tengas que elegir, y luego decide con la confianza de que tu oración se escuchó y respondió.*

# Un ejemplo

**El buen ejemplo es el regalo más importante que les podemos otorgar a otros.**

Marilyn estaba parada frente al espejo arreglándose el cabello.

—Desearía ser linda —le dijo quejándose a su madre—. Mi cabello es color ratón y mis pies son demasiado grandes. Desearía ser más alta. ¿Y cuándo me voy a librar de estos aparatos de los dientes?

—Marilyn, tú eres hermosa, y cada día te vas poniendo más bonita. Estás más alta, y te queda pequeña la ropa que usaste para la escuela el año pasado. Necesitarás algunas cosas nuevas antes de que empiecen las clases.

—Necesito zapatos, y quisiera algunos vaqueros nuevos y camisetas.

—Podemos ir de compras el viernes. Y te pediré un turno para la peluquería, así te cortas el cabello antes de comenzar las clases.

—Gracias, mamá —dijo Marilyn.

Esa misma tarde, Marilyn escuchó a su hermanita en su habitación hablarle a su muñeca preferida, Buffy.

—Tú sabes, Buffy —comenzó Rebbeca—. Me parece que no soy muy bonita. Mi pelo es muy lacio y mis dientes están torcidos.

Desearía tener los ojos color café como los de Marilyn. ¿Crees que alguna vez seré linda?

Marilyn estaba impactada de oír a Rebbeca hablar de esa manera. Rebbeca era muy bonita y tenía una personalidad chispeante. Su presencia iluminaba la habitación en que estaba. ¿Por qué pensaría de esa manera de sí misma? ¡Nada de eso era verdad en absoluto!

Marilyn se dio cuenta de que Rebbeca había escuchado la conversación que tuvo con su mamá esa mañana. ¡Estaba repitiendo todo lo que Marilyn dijo de sí misma!

Marilyn fue a buscar a su madre.

«Mamá, lamento lo que dije esta mañana acerca de mi apariencia. Yo quiero ser hermosa, pero más que eso, quiero que mi hermanita crea que ella es hermosa».

## Recuerda

*Debes ser un ejemplo para los creyentes en tu modo de hablar y de portarte.*
*1 Timoteo 4:12, DHH*

### ALABA A DIOS POR TU VIDA.

¡Tú puedes hacerlo!

*Escúchate antes de quejarte. Tus palabras y acciones pueden causar impacto en otras personas. Puedes ser un ejemplo para otros que te observan.*

# Un arma peligrosa

**Si crees que lo sabes todo, no has estado escuchando.**

Cuando la Sra. Westerman hizo una pregunta sobre la Guerra Civil, Luanne levantó la mano ansiosa.

—¡Robert E. Lee! —exclamó.

—Así es —dijo la maestra—. Fue el jefe del Ejército de Virginia del Norte.

—Al final, lo nombraron comandante de todos los ejércitos del sur —agregó Luanne mirando a sus compañeros para asegurarse que hubieran notado lo inteligente que era.

—Vaya, es una sabelotodo —le murmuró Kari a Ginny—. No la soporto.

—Es inteligente —dijo Ginny.

—Pero no tiene por qué refregarlo —murmuró Kari.

Después de clase, Luanne se acercó a Kari.

—¿Necesitas ayuda con tu tarea? —preguntó con dulzura— Noté que no pudiste contestar esa pregunta sobre Abraham Lincoln.

—No, no necesito tu ayuda —respondió Kari—. Preferiría reprobar.

—Es probable que lo hagas —sonrió Luanne retirándose.

—¿Hay algún problema? —preguntó la Sra. Westerman, al notar una mueca en la cara de Kari.

—Ahora que esa sabelotodo se fue, no hay ningún problema.

—Parece que en realidad Luanne te ha enseñado algo hoy —dijo la maestra.

—¿Ella? ¡De ninguna manera! —protestó Kari.

—¿Puedes decirle a Kari lo que aprendiste, Ginny?

Ginny pensó por un minuto. Y dijo:

—Es una gran cosa ser inteligente, porque puedes tener buenas notas, pero no debes jactarte de eso todo el tiempo.

—Eso es —dijo la Sra. Westerman.

—Deberías seguir el buen ejemplo de Luanne, estudiar mucho y hacer todo lo mejor posible. Pero no uses tu inteligencia como un arma para hacer sentir a los demás que ellos no son tan buenos como tú.

## Recuerda

*No dejemos que la vanidad nos lleve a irritarnos y a envidiarnos unos a otros.*
*Gálatas 5:26*

## NO SEAS PRESUMIDA.

¡Tú puedes hacerlo!

*Si Dios te ha dotado de inteligencia, úsala para hacer su trabajo. Pero no creas que ser lista significa ser mejor que las otras personas. Es un don que Dios te ha dado, sé agradecida.*

# Enferma de celos

**Los celos son una ampolla en los talones de la amistad.**

—¿Has visto la nueva película de espías? —le preguntó Josie a Bailey.

—Todavía no —dijo Bailey.

—Yo sí —dijo Josie—. Mi papá nos llevó el sábado a verla. Y después fuimos a comer pizza.

—Parece divertido —dijo Bailey deseando que la hubieran invitado.

—¿A que no adivinas a dónde iremos este fin de semana? —preguntó.

—¿Adónde?

—A ese parque de diversiones nuevo que tiene juegos de agua y una montaña rusa gigante. ¡Estoy loca por subirme!

—Sí... —dijo Bailey.

Mientras las niñas dejaban sus bicicletas en el estacionamiento, Bailey notó que Josie no tenía la bicicleta de siempre.

—¿Te gusta mi bicicleta nueva? —preguntó Josie, al darse cuenta que Bailey la miraba—. Es un regalo de cumpleaños anticipado. Mi papá dijo que era una recompensa por sacar una A en Historia.

Bailey se sintió desdichada todo el día pensando en Josie. Esa noche a la hora de cenar, se quejó de la comida.

—¿Por qué no podemos comer pizza? —protestó.

—¡Bailey! —dijo la mamá—. El pollo frito es tu comida favorita.

—Nnno... —dijo Bailey—. Es pizza.

—¿Qué está pasando? —preguntó el papá.

—¡Josie va al cine y come pizza y va al parque de diversiones y tiene una bicicleta nueva! —dijo en un torrente de palabras.

—¿Estás celosa de Josie? —preguntó la mamá.

—Tal vez un poco —admitió Bailey.

—¿Te sientes bien al estar celosa? —preguntó el papá.

—No.

—¿Sabes que la Biblia dice que los celos son como veneno? —preguntó la mamá.

—De seguro que se sienten de ese modo —dijo Bailey.

—Entonces, oremos ahora para pedirle a Dios que te deshagas de ellos —dijo el papá—. De esa forma podrás disfrutar de este riquísimo pollo frito.

## Recuerda

*Más vale poco con tranquilidad que mucho con fatiga.*
*Eclesiastés 4:6*

## CONTÉNTATE CON LO QUE TIENES.

¡Tú puedes hacerlo!

*Algunas personas poseen muchas cosas. Hazte las siguientes preguntas: ¿Tengo amor? ¿Tengo una familia que me cuida? ¿Tengo suficiente para comer y vestirme? ¿Tengo buenos amigos? Entonces tienes todas las cosas importantes de verdad.*

# Un nuevo capítulo en la amistad

**Una acción generosa es su propia recompensa.**

A Ashey le encantaba leer. En especial le gustaba leer historias de misterio. Tenía un autor favorito que había escrito veinte libros y acababa de comprar el último. Ahora ya tenía los veinte.

Hank, el mejor amigo de Ashley, vivía en la casa de al lado y le encantaban los mismos libros. Casi siempre los retiraba de la biblioteca. Pero había una lista de espera muy larga para ese libro nuevo, así que le preguntó a Ashley si se lo podía prestar.

«¡De ninguna manera!», le dijo Ashley. «Acabo de comprarlo y no quiero que se estropee».

Hank se fue muy enojado de la casa. Ashley se sintió mal, pero no podía convencerse de prestarle el libro.

Esa noche, durante la cena, la familia de Ashley hablaba acerca de cómo parecerse más a Jesús.

—¿Cómo era Jesús? —preguntó el papá.

—Él amaba a todos. Él perdonaba a todas las personas. Era bueno con la gente y dio su vida por nosotros —dijo Ashley.

—¿Cómo podemos imitar eso? —preguntó la mamá.

—Tal vez siendo más generosos —dijo Ashley, pensando en su libro—. Tal vez prestándole a un amigo algo que signifique mucho para nosotros.

Después de la cena, Ashley golpeó la puerta de Hanks. Cuando él abrió, ella le entregó su libro.

—Cambié de idea —le dijo—. Me parece que este te va a gustar mucho. Cuando lo termines, podemos hablar sobre nuestras partes preferidas.

—¡Gracias! —dijo Hank—. Te prometo que lo voy a cuidar.

—Sé que lo harás —dijo Ashley—. Sé que puedo confiar en un buen amigo.

### Recuerda

*Todos los creyentes eran de un solo sentir y pensar.*
*Nadie consideraba suya ninguna de sus posesiones,*
*sino que las compartían.*
*Hechos 4:32*

## LA GENEROSIDAD ABRE LOS CORAZONES A JESÚS.

### ¡Tú puedes hacerlo!

*Cuando pensamos en todo lo que Jesús hizo por nosotros, abandonando su hogar en el cielo y viviendo en la tierra de la forma en que vivimos nosotros, hace que sea más fácil compartir lo que tenemos con los demás.*

# La elección

**La fuerza y la felicidad de un hombre consisten en descubrir el camino por el que va Dios, y tomar ese mismo camino.**

—¿Están todas en blanco? —le preguntó Angie a Mick cuando empezaron a revisar el contenido de la caja.

—Todas en blanco —dijo Mick.

—¿Estás pensando lo mismo que yo? —dijo Mick mientras sostenía un montón de papeletas de votación.

Ese año las elecciones en la escuela se estaban manejando de una manera un poco diferente. Las papeletas amarillas eran para votar por el presidente, las verdes para el vicepresidente, las azules para el secretario y las anaranjadas para el tesorero. El director había elegido a Angie y a Mick para que contaran las papeletas amarillas en una habitación cerca de su oficina y que luego le informaran el resultado. Había tres cajas de papeletas amarillas, ¡pero una de las cajas era de papeletas sin marcar!

—¡Podríamos hacer presidente a quien nosotros queramos! —dijo Mick.

—Todo lo que tendríamos que hacer sería marcar algunas papeletas en blanco con el nombre de quien nosotros queramos y sustituirlas por las papeletas de quien no queramos que gane —añadió Angie—. Después tiramos las papeletas viejas.

—Tendríamos que esconder las papeletas viejas en nuestra ropa—dijo Mick, pescando la idea.

—Primero debiéramos ver el que ganó —sugirió Angie.

—Cierto —dijo Mick mientras comenzaba a contar.

De repente, Angie dijo:

—¡En qué estamos pensando Mick! ¡No podemos hacer nada con esas papeletas en blanco!

—¿De repente conseguiste una conciencia? —preguntó Mick.

—No —dijo Angie—. De pronto recordé que tengo una.

—Tienes razón —dijo Mick.

Cinco minutos después entró el director Brown.

—¿Encontraron la caja de papeletas en blanco? —preguntó.

—Sí, aquí están —dijo Angie.

—Estoy contento porque no se dejaron tentar —dijo el director Brown con una sonrisa mientras las tomaba y salía.

### Recuerda

*Tenemos que obedecer a Dios antes que a los hombres.*
*Hechos 5:29, LBD*

## OBEDECE LAS LEYES DE DIOS, AUN CUANDO NADIE TE ESTÉ MIRANDO.

## ¡Tú puedes hacerlo!

*Pídele a Dios que te muestre lo que Él quiere que hagas... y luego hazlo.*

# Forma parte del equipo

**La oración no hace que la fe funcione; la fe hace funcionar a la oración.**

Belinda tomó clases de gimnasia durante un año entero hasta que al fin sintió que podría estar lista para hacer la prueba para formar parte del equipo de gimnasia de su escuela.

—He estado orando y orando, pero aún no estoy segura de si Dios va a responder a mis oraciones para que forme parte del equipo —le dijo Belinda a su mamá.

—¿Tú crees que Dios te ayudará a que formes parte del equipo? —le preguntó su madre.

—Seguro —dijo Belinda—. Dios siempre me ayuda.

—¿Tú crees que Dios te ayudará si no formas parte del equipo? —le preguntó su madre.

Belinda estaba intrigada.

—¿En que podría ayudarme si no formara parte del equipo?

—¡Ah, en muchas cosas! —dijo su madre.

—Necesitarás mantener tu sonrisa y una actitud positiva. Necesitarás seguir intentándolo y hacer las cosas del mejor modo posible en tu clase de gimnasia. Esas cosas parecen bastante difíciles de hacer si no formas parte del equipo.

—Sin duda lo serían —dijo Belinda.

—No creo que podría fingir que no me importa. Todos saben cuánto quiero formar parte del equipo. Entonces tendría que estar dispuesta a admitir que estoy herida y desilusionada.

—Algunas veces, eso es lo más difícil de hacer —dijo su madre—. ¿Tú cree que Dios te ayudaría con todo eso?

—Sí —dijo Belinda—. Yo creo que Dios me puede ayudar en todas las cosas, las cosas que quiero hacer y son difíciles, y las cosas que no quiero hacer.

—Eso es verdadera fe —dijo su madre—. La clase de fe que te ayudará a orar: "Dios, haz lo mejor para mi vida... aunque no siempre sea lo que yo quiero".

### Recuerda

*Porque para Dios no hay nada imposible.*
*Lucas 1:37*

## DIOS SE ESPECIALIZA EN MILAGROS.

### ¡Tú puedes hacerlo!

*Es difícil admitir que estás herido, que has fallado o que has cometido un error. Aun así, contarle a Dios acerca de tus heridas o errores es el primer paso para confiar en que Él te sana, te perdona y te ayuda.*

# Dios nos mira

**La sabiduría es ver la vida desde la perspectiva de Dios.**

«**H**oy la bolsa de valores sufrió otra caída...».

«Debes haberte dado cuenta que esta semana cuesta mucho más llenar el tanque de gasolina de tu auto...».

«Una importante aerolínea anunció hoy un aumento en los precios de sus boletos...».

«Una compañía local de *software* va a despedir el treinta por ciento de sus empleados...».

El papá de Faith miraba las noticias en el diario y sacudía su cabeza.

—Las cosas van de mal en peor —murmuró—. Estaremos todos en el comedor público antes de que nos demos cuenta.

Faith estaba horrorizada. Ella había estado varias veces en el comedor público en el que su mamá participaba como voluntaria, y no podía imaginarse comiendo todas sus comidas ahí.

—¿Estamos realmente casi sin dinero, papá? —le preguntó con voz temblorosa.

—¿Qué? ¡No, Faith! ¡No! —dijo el papá—. Lo siento. No debería haber dicho eso, lo que sucede es que a veces me desanimo cuando veo las cosas que pasan en el mundo.

—¿De verdad estamos bien? —preguntó Faith.

—Sí, Faith. Ven, siéntate aquí y déjame explicarte algo.

Faith se sentó en el sofá al lado de su papá.

—Aunque las cosas no vayan bien a nuestro alrededor, cosas como los despidos y el alza de los precios, tenemos que recordar que Dios es aun mayor que todos nosotros, y que lo controla todo. Dios es nuestro Padre, y podemos confiar en que Él nos cuida.

—¿Del mismo modo en el que tú y mamá me cuidan? —preguntó Faith.

—Sí —respondió el papá—. Nosotros queremos lo mejor para ti. Lo mismo quiere Dios. Estoy contento Faith de que me recordaras que debo dejar de preocuparme por las noticias y comenzar a escuchar a Dios.

## Recuerda

*Encomienda al Señor tu camino; confía en él,*
*y él actuará.*
*Salmo 37:5*

### ESCUCHA A DIOS.

¡Tú puedes hacerlo!

*Dios sabe lo que está pasando en este mundo. Después de todo, Él lo creó.*
*Podemos confiar en que Él nos protegerá cuando parezca que todo es una locura.*

# En la casilla adecuada

**No solo uso toda la inteligencia que tengo, sino también toda la que puedo pedir prestada.**

—No puedes mover tu reina de esa manera —le dijo Craig a su hermana menor—. Te lo dije, no puede saltar sobre las otras piezas.

Estaban jugando al ajedrez y Craig era muy bueno en eso. Teddi no. Ella no podía recordar los movimientos que podían hacer las piezas. Trató de poner su alfil en la casilla equivocada, y olvidó que el rey podía mover solo una casilla cada vez.

—Tienes que pensar antes de mover tus piezas —le dijo Craig— . Te dije que anotaras cómo puedes mover las piezas y siempre tratas de mover demasiado pronto.

Craig continuó enumerando las cosas que hacía mal. Teddi comenzó a sentirse frustrada y dijo:

—Dejemos de jugar ahora, estoy cansada.

Cuando el papá llegó a casa del trabajo, vio el tablero de ajedrez y le preguntó a Teddi si quería jugar un partido con él.

—No, gracias —le dijo—. No soy buena jugando. Pídeselo a Craig. Nunca seré buena en esto.

—¿Es eso lo que dijo Craig? —preguntó el papá.

—No, pero me critica todo el tiempo.

—¿Te critica o trata de ayudarte a aprender?

—Me critica —insistió Teddi.

—¿Tiene sentido lo que dice?

—Ss...sí —admitió Teddi.

—Tal vez seas como yo, no te gusta que te muestren lo que haces mal —dijo el papá.

—Tal vez —suspiró Teddi—. Me gusta el ajedrez y quiero aprender.

—Entonces, ¿por qué no sigues algunos de los consejos de Craig y ves lo que pasa? —preguntó el papá.

—Está bien —dijo Teddi—. Podría probar otra vez mañana. Quizá dentro de un tiempo no muy lejano sea lo bastante buena como para poder ganarle.

### Recuerda

*¿Quién ha visto que el estudiante sabe más que el maestro? Claro, si se esfuerza puede llegar a igualarlo.*
Lucas 6:40, LBD

## APRENDE A ACEPTAR LOS CONSEJOS.

### ¡Tú puedes hacerlo!

*En algunas ocasiones, otras personas saben más que nosotros sobre ciertas cosas. Es sabio escucharlas y aprender de ellas.*

# Montones de gangas

**Al ayudar a los otros, te ayudas a ti mismo.**

—Mamá, aquí hay un anuncio de una venta de objetos usados y tienen un juego de barras asimétricas de gimnasia para vender. ¿Podemos ir a verlas, y si son buenas, comprarlas? —preguntó Bethany.

Quería un juego de barras asimétricas para practicar porque deseaba entrar en el equipo de gimnasia.

—Tendríamos que ir temprano antes de que las vendan —sugirió el papá.

—Vamos —se puso los zapatos, se peinó y estuvo lista en dos minutos.

—Trae el periódico con la dirección —dijo la mamá.

—No olvides la chequera —dijo Bethany.

Se subieron a la camioneta y se fueron. Enseguida encontraron el lugar.

—Me parece que todavía las tienen, apurémonos —gritó Bethany.

—El papá estacionó el auto delante del cartel de la venta de objetos usados, luego todos bajaron de la camioneta y entraron a ver esas barras asimétricas. El papá las probó para asegurarse de que fueran robustas y fuertes.

La mamá curioseó entre las otras cosas que estaban en venta.

—¿Cuánto cuesta esto? —preguntó señalando un juego de recipientes y cacerolas.

—Quince dólares —dijeron los dueños.

—Podríamos comprarlos para el refugio de los desamparados. Los líderes del refugio arman paquetes con cosas de cocina, ropa de cama y toallas para entregarles a las personas que consiguen un departamento o casa donde vivir. ¿Me los dejaría en doce dólares? — preguntó la mamá.

—Seguro, si es por una buena causa —dijo el dueño.

—¿Y aquellas sábanas? Parecen casi sin uso, ¿me las dejaría por cinco dólares? Las agregaré al juego de cacerolas.

—¿Y qué pasa con mis barras asimétricas? —preguntó Bethany.

—¡También las llevamos! —respondió la mamá.

—Este ha sido un buen día de compras —dijo Bethany—. Todos encontramos algo.

## Recuerda

*Siempre que tengamos la oportunidad,*
*hagamos bien a todos.*
*Gálatas 6:10*

**TRATA DE ESTAR SIEMPRE DISPUESTA A AYUDAR A OTROS.**

## ¡Tú puedes hacerlo!

*Busca otras formas de compartir tus recursos con los demás. ¿Qué tienes? ¿Tiempo? ¿Dinero? ¿Energía? Lo que sea que tengas, úsalo con alguien que lo necesite.*

# Consuelo

**Consolar la pena de otro hace olvidar la propia.**

—No lo conseguí —dijo Carla, mientras su papá le pasaba el brazo por su hombro.

—Tal vez el año que viene, querida —le dijo—. Las estudiantes de los primeros años casi nunca forman parte del equipo universitario de animadoras.

—Ya sé —dijo Carla—. Pero pensé que tenía alguna posibilidad.

—Ayer, antes de la prueba te vi practicando, y también pensé que tenías buenas posibilidades —dijo el papá. Entonces bromeó—: Pero entre nosotros, no me gustaba mucho la idea de todos esos muchachos mirándote con el diminuto uniforme de animadora.

Carla sonrió. Sabía que su papá estaba tratando de hacer que se sintiera mejor y, en realidad, estaba resultando un poco. Luego Carla y su papá se detuvieron en su trayecto al auto. Justo delante de ellos estaba la prima de Carla, Marti, sentada en su auto. Su cabeza y sus manos estaban apoyadas sobre el volante, y estaba sollozando tan fuerte que todo su cuerpo se sacudía.

—Marti tampoco lo consiguió, papá —dijo Carla.

—Tal vez sería bueno que hablaras con ella.

—¿Qué le voy a decir?

—No sé —dijo su papá—. Pídele a Dios que te ayude. No formar parte del equipo de animadoras debe ser difícil para Marti. Sus dos hermanas mayores fueron animadoras y también lo fue su madre cuando estaba en la escuela secundaria. En realidad, sus dos hermanas fueron animadoras líderes. Marti está en el último año, así que ya no tendrá más oportunidades.

—No había pensado en eso —dijo Carla—. Su situación es mucho más dura que la mía. ¿Me esperas?

—Sí, claro.

—¡Espera y ora! —gritó Carla, mientras caminaba hacia el lado del acompañante del auto de su prima mayor, abría la puerta y se sentaba.

## Recuerda

*Vivan en armonía los unos con los otros; compartan penas y alegrías, practiquen el amor fraternal, sean compasivos y humildes.*
1 Pedro 3:8

## SIENTE LO QUE SIENTEN LOS OTROS.

### ¡Tú puedes hacerlo!

Por lo general, las personas se entristecen porque han perdido algo que amaban o valoraban mucho. Siempre entrégales tu afecto a los que están tristes.

# Modales celestiales

### El que siembra cortesía cosecha amistad.

¿**P**or qué siempre tengo que decir por favor y gracias? —se quejó Lesley—. Y más que nada, ¿por qué se lo tengo que decir a Bryce, si es de la familia?

—Es parte de ser cortés —les dijo la mamá a sus dos hijos que parecían muy ansiosos de discutir esa mañana en particular.

—¿Pero por qué tenemos que ser corteses? —preguntó Bryce—. Casi nadie más lo es. Nadie es muy cortés en el centro comercial ni en el campo de béisbol.

La mamá decidió que ese era el momento adecuado para una seria charla. Se sentó con los dos niños a la mesa del desayuno y dijo:

—En primer lugar, los buenos modales ayudan a que personas que no se conocen se hagan amigas. Cuando eres amable con alguien y dices palabras como por favor y gracias, muestras respeto y en la mayoría de los casos también te respetarán. Esa es la mejor forma de entablar una amistad, respetándose los uno a lo otros.

Pero luego la mamá continuó:

—Y, además, los buenos modales aquí en la tierra son solo una práctica de lo que haremos en el cielo.

—¿Tendremos que tener buenos modales en el cielo? —preguntó Bryce.

—Seguro —dijo la mamá—. Es una de las cosas que nunca terminan.

—¿Pero para qué? —preguntó Lesley.

—¡Para saludar a todas las almas con las que nos vamos a encontrar cuando nos crucemos caminando por las calles de oro del cielo!

*Si es posible, y en cuanto dependa de ustedes,*
*vivan en paz con todos.*
*Romanos 12:18*

## LOS BUENOS MODALES ESPARCEN PAZ.

*Cuatro de las mejores frases que puedes aprender son: «Por favor», «Gracias», «Lo siento», «Por favor, perdóname». ¡Úsalas a menudo!*

# Verdad u opinión

**Podemos tener la razón sin darnos aires de superioridad.**

—¡Pero es la verdad! —gritó Georgina.

—Puede ser que sea verdad, pero no necesitabas decirla —le dijo su hermana Lenora.

—Debemos decir la verdad —dijo Georgina y se encogió de hombros como si dijera: *Si alguno no le gusta, peor para él.*

—También debemos ser cariñosas —dijo Lenora—. Das la impresión de ser arrogante y con aires de superioridad. Cuando hablas así, nadie quiere cambiar y hacer lo que está bien. Te tildan de excéntrica.

—Ese es su problema —dijo Georgina aun más a la defensiva—. Yo solo digo lo que veo. El vestido de Deanna era muy corto, tanto de arriba como de abajo. De esa forma muestra demasiado su cuerpo. Usa demasiado maquillaje. ¡Y tú sabes que eso es verdad, Lee!

Justo entonces un pequeño grupo de niñas amish entró a la tienda. Sus cabellos estaban prolijamente peinados en sus gorros blancos; sus vestidos eran muy sencillos de color azul con delantales, mangas largas, cuellos altos y faldas largas. No usaban maquillaje.

Lenora miró a su hermana.

—¿No sientes que estás mostrando demasiado tu cuerpo y que usas mucho maquillaje?

Georgina bajó la mirada.

—La buena noticia para ti —susurró Lenora—, es que estas niñas no se van a ir de la tienda a decirlo por todos lados.

Es probable que sepan que algunas veces criticar las faltas de otras personas es tan malo como cometer la falta que se critica.

### Recuerda

*Saca primero la viga de tu propio ojo,*
*y entonces verás con claridad para sacar*
*la astilla del ojo de tu hermano.*
*Mateo 7:5*

## NO CRITIQUES A LOS DEMÁS.

### ¡Tú puedes hacerlo!

*Puedes distinguir lo que está bien de lo que está mal sin juzgar a las otras personas como buenas o malas. Tú puedes hablar de lo que es adecuado sin menospreciar a la persona equivocada. ¡Pruébalo!*

# A solas conmigo

**No estamos en paz con los otros porque no estamos en paz con nosotros mismos, y no estamos en paz con nosotros mismos porque no estamos en paz con Dios.**

—Parece que has estado disgustada estos últimos días —dijo la mamá mientras se daba vuelta para apagar la luz en la noche.

—¿Puedes decirme por qué, Gabriela?

—No estoy disgustada —le dijo Gabriela a la silueta de su madre que se recortaba en el vano de su puerta. Y entonces, al escuchar el tono de su propia voz, se dio vuelta, le dio un puñetazo a la almohada y se acurrucó en la cama.

La mamá cerró la puerta. Una vez que estuvo sola, Gabriela comenzó a llorar. *No sé cómo contarles lo del libro, pensó.*

El papá le había dicho que no quería que sacara el libro fuera de la casa, ni siquiera para mostrárselo a sus amigas. El libro era muy costoso y muy raro. Podía invitar a sus amigas a la casa para ver las hermosas ilustraciones, pero nada más. Sus amigas, por supuesto, no habían querido entrar, por eso ella había sacado el libro y, sin querer, había derramado su bebida sobre él. Luego, al tratar de limpiarlo, lo había manchado más. Un desastre tras otro.

«Dios, por favor, perdóname», oró Gabby. «Cometí un gran error. Por favor, ayúdame».

A la mañana siguiente, Gabby sabía lo que necesitaba hacer. Le llevó a su papá el frasco donde guardaba su dinero, le contó lo que había hecho y le pidió que la perdonara. Mientras alargaba la mano para tomar el frasco del dinero, se dio cuenta de que se sentía mejor de lo que se había sentido en muchos días.

## Recuerda

*En consecuencia, ya que hemos sido justificados mediante la fe, tenemos paz con Dios por medio de nuestro Señor Jesucristo.*
Romanos 5:1

## EL PERDÓN DE DIOS NOS TRAE LIBERTAD.

### ¡Tú puedes hacerlo!

*Cuando haces algo que sabes que rompe las reglas de tus padres o de Dios, pide perdón con rapidez. Y luego, haz lo que tengas que hacer para hacer las cosas bien.*

# El poder de los cumplidos

**No hablaré mal de ningún hombre, ni siquiera si es verdad, prefiero excusar las faltas que escuche y, en ocasiones adecuadas, hablar de todo lo bueno que sepa de las personas.**

—Yo no la entiendo en absoluto —le dijo Gina a su amiga Audra.

Se refería a Emma, una niña nueva en su escuela este año.

—Se acaba de mudar aquí y ya tiene montones de amigos —dijo Audra—. No es tan bonita ni se viste demasiado bien. Sin embargo, ¡de buenas a primeras es una de las niñas más populares de la escuela!

—Y no solo con las niñas —añadió Gina—, a los muchachos también les gusta.

Lou, otra de sus amigas que estaba sentada almorzando con ellas, dijo:

—Yo sé por qué.

—¿Por qué? —dijeron Gina y Audra al unísono.

—Cuando Emma entró a esta escuela, comenzó a decir cumplidos. A mí me dijo un par de cumplidos, supongo que a ustedes también les debe haber dicho algunos.

—Sí, pero nadie le presta atención a los cumplidos —dijo Audra—. Todo el mundo siempre está diciendo cosas lindas cuando en realidad no lo sienten. Dicen cosas lindas para congraciarse y eso no da resultado.

—¡Pero ahí está la diferencia! —dijo Lou—. Emma de verdad siente lo que dice. Antes que nada, dice cosas que son verdad. Un día me dijo que le gustaba mi lápiz de labios. Yo estaba usando un color nuevo muy lindo. Otro día me dijo que el suéter que estaba usando era perfecto para mí, porque el color combinaba con el color de mis ojos... ¡tenía razón! Lo que dijo, era verdad.

Lou continuó:

—Se tomó su tiempo para darse cuenta cuáles eran las cosas buenas, y después dijo cosas buenas... como en verdad las sentía.

—Mi abuela decía que la miel atrae a las abejas mejor que el vinagre. Me parece que la abuela de Emma debe haberle dicho lo mismo —dijo Gina.

—Bueno, seguro que resulta —dijo Audra—, yo voy a intentarlo.

## Recuerda

*No critiquen ni hablen nunca mal de otro, hermanos míos. Santiago 4:11, LBD*

### SÉ GENEROSA CON LOS CUMPLIDOS.

¡Tú puedes hacerlo!

*Una de las mejores maneras de hacer nuevos amigos —y mantener los viejos— es encontrar todos los días algo lindo para decirle a o acerca de una persona.*

# ¡Yo primero!

**No nos llenemos demasiado de nosotros mismos.
Dejemos espacio para que Dios entre en la habitación.**

El abuelo y la abuela de Rebecca iban a venir a visitarlos. Cuando llegaron, ella corrió a abrazarlos.

«¡Abuela, abuelo, como nos vamos a divertir! Tengo un montón de planes para nosotros».

A la mañana siguiente se levantaron temprano.

—Abuela, abuelo, vamos. ¡Ya estoy lista para ir al acuario! —gritó Rebecca.

Eran las nueve de la mañana y ya tenía todo preparado para ese día.

—¡Vaya! Miren esos peces y miren esto aquí. Miren las anguilas. Vamos a ver los tiburones —dijo Rebecca mientras salía corriendo.

—Tranquilízate Rebecca, así tus abuelos pueden ver todos los peces.

—¡Estoy lista para ir al centro comercial! —Rebecca iba rumbo a la salida del acuario.

El auto estaba caliente de estar al sol.

—Dejemos las ventanillas abiertas, así podremos sentir la brisa—dijo Rebecca.

—Rebecca, tus abuelos necesitan el aire acondicionado, hace demasiado calor para ellos.

—Bueno, pero quiero mi ventanilla abierta.

—Rebecca, hoy no. Hace demasiado calor. Por favor, cierra tu ventanilla.

Cuando llegaron al centro comercial, Rebecca dijo que necesitaba un traje de baño nuevo y patas de rana.

—Después que lo compremos, estaremos listos para el almuerzo.

Rebecca eligió un traje de baño.

—¡Tengo hambre! —dijo—. Me encanta la pizza. ¡Comamos pizza!

—Encontremos un lugar en el que podamos comer todos, Rebecca. Tus abuelos preferirían comer un sándwich en vez de pizza.

—¡Yo no quiero sándwiches, yo quiero pizza!

—Rebecca, tus abuelos vinieron a visitarte, no a entretenerte — dijo su mamá—. Es hora de ir a casa. Volveremos a salir cuando estés preparada a considerar los deseos de los otros, en especial de los que te quieren.

### Recuerda

*Consideren a los demás como superiores a ustedes mismos. Filipenses 2:3*

## CONSIDERA PRIMERO A LOS DEMÁS.

### ¡Tú puedes hacerlo!

*¿Deseas hacer siempre lo que tú quieres? Pídele a Dios que te ayude a pensar primero en los otros.*

# Cada poquito cuenta

**Mientras el monedero se vacía, el corazón se llena.**

Jennifer se quedó mirando la moneda de veinticinco centavos que estaba en su mano. *Mi ofrenda es tan pequeña, pensó, no determinará nada si no la pongo en el plato de la iglesia. Nadie la extrañará.*

Guardó la monedita en su bolsillo, tomó su Biblia y se fue a la Escuela Dominical.

La lección de esa semana trató acerca de la viuda que fue al templo en Jerusalén y dio una ofrenda: dos pequeñas monedas de cobre del valor de un centavo. ¡Jesús dijo que su ofrenda importaba! Jennifer tragó saliva. *¡Tal vez Dios escuchó mis pensamientos!* Luego su maestra les contó esta historia:

«Había una vez un príncipe en la India que una noche soñó que tenía un hermoso jardín. El lago que había allí era diferente a cualquier otro lago del mundo, porque estaba lleno de perfume. Su maravilloso aroma llenaba todo el jardín y el pueblo cercano. Cuando el príncipe se despertó, decidió hacer realidad su sueño. Aunque era muy rico, no tenía suficiente dinero como para llenar un lago con perfume. Por lo tanto, invitó a todas las personas de la región a una fiesta. A cada uno de los invitados se le pidió que llevara un frasquito de perfume y lo vaciara en el lago.

»Los pobladores de toda la nación asistieron a la fiesta, y uno por uno fueron vaciando su frasquito en el lago. Sin embargo, para sorpresa de todos, el lago no olía diferente. Al final, el príncipe pidió que se tomara una muestra del agua en el punto donde los invitados estuvieron vaciando sus frasquitos. Para consternación del príncipe, ¡descubrió que el agua era solo agua! El príncipe se dio cuenta de que todos habían pensado lo mismo: *Mi pequeña parte no importará*, ¡por lo que todos habían echado agua en vez de perfume en el lago!»

La maestra dijo: «Nadie pensó que su pequeño frasquito de perfume sería determinante. Muchas personas piensan de esa manera acerca de sus ofrendas. La verdad es que, cada poquito cuenta».

¡Jennifer a duras penas podía esperar para poner su monedita en el plato!

Recuerda

*Cada uno debe dar según lo que haya decidido en su corazón, no de mala gana ni por obligación, porque Dios ama al que da con alegría.*
2 Corintios 9:7

**LA ALEGRÍA ES PARTE DEL DAR.**

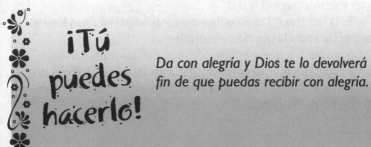

¡TÚ puedes hacerlo!

*Da con alegría y Dios te lo devolverá a fin de que puedas recibir con alegría.*

# Una noche despierta y un día de sueño

**«¡Buenas noches, niñitas! ¡Den gracias al Señor que están bien! ¡Y ahora, a dormir!», dijo la señorita Clavel.**

—Prometemos que iremos a dormir, así mañana nos podemos levantar a tiempo para ir a la escuela —dijo Roxana mientras se despedía de su mamá.

Los Carpenters habían tenido que salir de la ciudad para visitar al abuelo que estaba en el hospital. Habían arreglado que Roxana se quedaría con una familia amiga que tenía una hija de la misma edad.

Las niñas hicieron sus tareas y se prepararon para ir a la cama.

—Apaguen ya las luces —les gritó la Sra. Meyer desde abajo—. Mañana tienen que ir a la escuela.

—Está bien —contestó Leigh.

Apagaron las luces, pero Leigh y Roxana se contaron secretos y se rieron en la cama hasta que no pudieron estar más despiertas y se durmieron.

—Es la hora de ir a la escuela, niñas —les dijo la señora Meyer mientras tocaba a la puerta del dormitorio.

¡No podía ser que ya fuera de día! Estaban tan cansadas. Roxana esperaba no quedarse dormida en clase. Leigh tenía un concurso de matemáticas. Había estudiado, pero estaba tan cansada que no podía pensar.

En la clase de educación física, Roxana jugó al fútbol. Perdió un par de pases fáciles, entregándole la pelota al otro equipo. Sus compañeras de equipo la reprendieron.

«Roxana, ¿no puedes ver la pelota?»

«¡Bueno! ¡Se me pasó!», les respondió. Cuando terminó el juego, se escapó corriendo de la cancha.

En casa, Roxana y Leigh estaban muy quietas durante la hora de la cena.

—Niñas, ¿cómo les fue hoy? —preguntó la Sra. Meyer.

—Bueno, mañana será mejor, no podría ser mucho peor que hoy —contestó Leigh.

A la hora de dormir, la señora Meyer subió a apagar la luz de la habitación de las niñas. Esta noche debían dormir. Pero no necesitó recordárselo. ¡Se habían quedado dormidas con la luz prendida!

### Recuerda

*En paz me acuesto y me duermo.*
*Salmo 4:8*

## SUEÑOS AGRADABLES... PRODUCEN DÍAS AGRADABLES.

### ¡Tú puedes hacerlo!

*Comienza tu día la noche anterior, duerme lo suficiente como para tener bastante energía para hacer todo lo que tengas que hacer bien y con alegría.*

# Ganadora...
# y aún campeona

**Cuando una de las puertas de la felicidad se cierra, otra se abre; pero muchas veces miramos la puerta cerrada por tanto tiempo que no vemos la nueva que se nos ha abierto.**

Dierdre siempre había soñado con ser una figura del patinaje. En todas las paredes de su habitación tenía colgados afiches de famosas patinadoras olímpicas. La mamá y el papá alentaban su sueño. Tomaba clases de patinaje y hasta de ballet y gimnasia, a fin de tener la fuerza y la gracia necesarias. Dierdre sabía que se requería de mucho trabajo para ser una buena patinadora.

Estaban en invierno y era el momento justo para practicar el patinaje al aire libre. Dierdre estaba resfriada, pero eso no era algo fuera de lo común. Luego el resfrío se convirtió en dolor en los músculos y las articulaciones. Lo siguiente fue que un virus se alojó en su espalda y en la médula espinal. Su temperatura se elevó a los 103 grados. Dierdre perdió la sensibilidad en sus piernas y pies.

«¿Podré volver a patinar?», le preguntó a la doctora.

«Eso ya se verá», le respondió. «Todo el entrenamiento que has hecho siempre será de gran ayuda».

Después de días y semanas de terapia física, Dierdre mejoró, pero no tenía una recuperación total. Lo que antes hacía con facilidad y gracia, después de la enfermedad lo hacía con dolor e incomodidad.

—Mamá, papá, yo quiero ser una patinadora. No sé si alguna vez podré... —y rompió a llorar.

—Dierdre, sabemos que algo bueno tiene que resultar de todo esto. Oremos y así será. Estás haciendo un gran esfuerzo. Estamos muy orgullosos de ti.

El esfuerzo de Dierdre le valió el respeto de su terapeuta físico.

—Dierdre —le dijo—, por el momento no sabemos si volverás a patinar como lo hacías antes. Pero yo sé que hay algo que sí puedes hacer ahora.

—¿Qué? —preguntó.

—Hay una niñita en las sesiones de la tarde que se lastimó la espalda haciendo gimnasia. ¿Hablarías con ella? Está desanimada y necesita alguien que la ayude a enfrentar esta desilusión.

De súbito, Dierdre se sintió útil y fuerte.

### Recuerda

*Todo lo puedo en Cristo que me fortalece.*
*Filipenses 4:13*

## LAS DESILUSIONES TRAEN BENDICIONES INESPERADAS.

¡Tú puedes hacerlo!

*Escribe sobre alguna desilusión que hayas tenido en tu vida. ¿Cómo te ha hecho más fuerte y mejor persona?*

# Las reglas de la cafetería

**Nunca puedes equivocarte cuando eliges obedecer a Cristo.**

La familia Jacobs estaba haciendo un viaje durante el verano por las rutas de cuatro estados del sudoeste de Estados Unidos. Un día se detuvieron para almorzar en una cafetería en las afueras de un pequeño pueblo de Tejas. Mientras comían, Ember descubrió un cartel en la pared de la cafetería.

—Mira papá —dijo—, tienen reglas en esta cafetería.

El papá las miró y comenzó a sonreír.

—Niños, ¿no reconocen esas reglas? —preguntó.

Gene se quedó mirando por largo rato el cartel y dijo:

—Me parece conocido.

—Papá, ¿por qué no las lees en voz alta para nosotros? —dijo sonriendo la mamá.

El papá leyó:

Las diez reglas más importantes de esta cafetería.

Regla número uno: Solo un Dios.

Regla número dos: Honra a tu mamá y papá.

Regla número tres: No vengas con cuentos ni chismes.

Regla número cuatro: Ve a las reuniones de los domingos.

—Ya sé, ya sé —dijo Ember—. ¡Esos son Los Diez Mandamientos!

—Así es —dijo el papá—. Y aquí están los otros seis.

Él leyó:

Regla número cinco: No pongas nada antes que Dios.

Regla número seis: No andes por ahí con la niña de otro.

Regla número siete: No mates.

Regla número ocho: Cuida tu boca.

Regla número nueve: No tomes lo que no es tuyo.

Regla número diez: No desees las cosas de tus amigotes.

—¡Eso está súper! —dijo Brett cuando terminó el papá.

—Hay gente a través de nuestra nación que sabe lo que sirve para una sociedad buena y decente —dijo la mamá—. Los mandamientos de Dios no son solo para las personas de los tiempos bíblicos. Son para todos, en todo tiempo.

### Recuerda

*Lo que importa es cumplir los mandatos de Dios.*
*1 Corintios 7:19*

## LOS MANDAMIENTOS DE DIOS SON PARA NUESTRO BIEN.

### ¡Tú puedes hacerlo!

*Dios no nos dio los Diez Mandamientos para quitarnos la diversión. ¡No! Él nos los dio para que podamos tener la mejor vida posible, ahora y siempre.*

# El concierto

**Posponer una cosa fácil la hace difícil, y posponer una cosa difícil la hace imposible.**

La partitura estaba delante de ella como un boletín con malas calificaciones, llena de cosas que no quería ver. Hasta el taburete del piano se volvía más incómodo a cada segundo, sabía que el silencio llegaría a los oídos de su madre más rápido que las malas notas que había estado tocando durante los últimos diez minutos.

—No te escucho —dijo su madre desde la cocina.

—Está bien, mamá, solo estoy pensando en la música.

Ahora su mamá estaba parada en la puerta.

—Lindy, tu abuela siempre quiso tocar el piano, pero su familia nunca le pudo comprar uno. Es por eso que manda el dinero para las lecciones. Solo pensar en la música no ayudará a que aprendas lo que tienes que tocar en el concierto. Quiero que practiques por lo menos media hora todos los días durante esta semana, antes de que llegue a casa del trabajo. ¿Puedo contar contigo?

—¡Huy! —masculló Lindy mientras volvía a la música. Esperaba que su mamá no se hubiera dado cuenta de que en realidad no había prometido nada.

Por el resto de la semana, Lindy pospuso su práctica. El viernes en realidad no empezó a practicar hasta que escuchó cerrarse la puerta del auto de su madre. Lindy no estaba preocupada, faltaban semanas para el concierto.

Por fin llegó el día del concierto. La abuela le había mandado un hermoso vestido para que se pusiera, pero ella se sentía desdichada. ¡Su pieza de música no estaba lista!

De repente dijeron su nombre. Sus rodillas temblaron mientras caminaba hacia el piano. Al sentarse en el taburete, el flash de una cámara de la primera fila le llamó la atención y ahí vio la cara radiante de su abuela, que había hecho todo ese viaje desde Maine para sorprenderla en su primer recital.

En ese momento, Lindy comprendió que la dilación, es decir, dejar las cosas para último momento, puede ser otro término para decir vergüenza.

## Recuerda

*Corramos con perseverancia la carrera que tenemos*
*por delante.*
*Hebreos 12:1*

## LAS TAREAS MÁS DIFÍCILES SE VUELVEN AUN MÁS DIFÍCILES CUANDO LAS POSPONES.

¡Tú puedes hacerlo!

*Algunas veces, los plazos parecen estar muy lejos... cuando en realidad no lo están. Pídele a Dios que hoy te ayude a comenzar un gran proyecto.*

# No dejes de patinar

**Un puñado de paciencia vale más que una gran inteligencia.**

El hermano de Ava, Eddie, le ayudó a ponerse los protectores de codos, las rodilleras y el casco. Ava pensaba que todo ese equipo de seguridad no era necesario, pero sus padres insistían en que lo usara si tenía la intención de hacer patinaje en línea.

Una vez que tuvo los patines puestos, Ava se paró en la entrada de su casa, sosteniéndose de Eddie para mantener el equilibrio. Él la ayudó hasta llegar a la acera, quitó la mano de Ava de su brazo, le dio un pequeño empujón, y le dijo:

—¡Ve a patinar!

Ava patinó unos pocos metros. ¡Esto no estaba tan mal! La brisa se sentía bien. Estaba segura de que aprendería a dominar el patinaje en poco tiempo, y que podría ir a patinar con sus amigas, y... ¡PUMBA! De repente, Ava se encontró sentada en la acera. *Tal vez este equipo de seguridad sea una buena idea después de todo*, pensó.

Luego escuchó a Eddie reírse.

—Levántate y ve otra vez —le dijo.

Con la ayuda de Eddie, Ava se levantó dos veces más. Después de su tercera caída, estaba bañada en lágrimas. El patinaje en línea no era divertido si todo lo que hacías era caerte. Nunca sería buena en esto.

—¡Me rindo! —sollozó mientras se quitaba los patines.

—No puedes rendirte —le dijo Eddie sentándose detrás de ella—. ¿Te diste cuenta de que cada vez que lo intentaste patinaste un poco más? Solo tienes que ser paciente. Lleva tiempo aprender esto.

—¿En realidad crees que puedo? —preguntó Ava mirando a su hermano con un poco de sospecha.

—Oye, si yo puedo hacerlo, tú también puedes —dijo Eddie—. Como te dije... ten paciencia. Estarás patinando a mi alrededor en muy poco tiempo.

### Recuerda

*Ustedes necesitan perseverar para que, después de haber cumplido la voluntad de Dios, reciban lo que él ha prometido.*
*Hebreos 10:36*

**TÓMATE TU TIEMPO Y SIGUE CON EL INTENTO.**

¡Tú puedes hacerlo!

*Algunas veces aprender a hacer algo lleva su tiempo. No te rindas. Trabaja duro y pídele a Dios que te ayude. Él es un gran maestro.*

# Dólares y sentido común

**Una monedita ahorrada es una monedita ganada.**

—Scott tiene las cosas más lindas. Tiene la mejor bicicleta y los mejores juegos para la computadora. Tiene todo —se quejó Susie con sus padres.

Aunque Susie era mayor que Scott, no había aprendido a administrar bien el dinero.

—Susie, recibes más dinero que Scott porque eres mayor y haces más tareas —dijo su papá—. Lo que pasa es que Scott cuida más el dinero.

—Puedes hacer tu presupuesto y llevar la cuenta de cada centavo que ganas y gastas. Eso te ayudará a saber en qué usas tu dinero —sugirió la mamá.

—Parece aburrido, pero lo voy a hacer —acordó Susie.

—Comienza con el dinero de esta semana —dijo el padre.

Entonces le mostró cómo hacer una tabla para llevar la cuenta del dinero que tenía, cuánto había gastado y cuánto tenía que gastar.

—Es fácil. Solo recuerda anotarlo.

Dos días después el padre le preguntó:

—¿Cómo vas con tu contabilidad, Susie?

—Solo tengo $6 de los $10 de mi dinero semanal.

—¿En qué gastaste el dinero?

—Bueno, compré algunos refrescos al salir de la escuela. Después compré dos barras de caramelos al grupo juvenil que está juntando dinero para las misiones. Ah, y me compré una hebilla nueva para el pelo.

«Ahora que veo a dónde se va mi dinero, puedo elegir mejor. Puedo elegir entre un refresco o ahorrar para comprar algo realmente lindo», entendió de pronto Susie.

### Recuerda

*El que es tonto no acepta que su padre lo corrija,*
*pero el que es sabio acepta la corrección.*
Proverbios 15:5, TLA

## GASTA TU DINERO CON SABIDURÍA.

¡Tú puedes hacerlo!

*Ahorra dinero no gastándolo. Así tendrás suficiente para lo que realmente quieras.*

# Un hermanito especial

**Desde el comienzo, la discapacidad enseñó que la vida podía ser reinventada. En realidad, se necesitaba ese punto de vista.**

Arden nació cuando Mara tenía cuatro años. Al principio pensaron que no lograría vivir, tenía una abertura en el corazón y eso daba miedo. Pero él sobrevivió a la cirugía y a los medicamentos.

Ahora, la familia estaba festejando el cuarto cumpleaños de Arden. Era sorprendente. Estuvo muy enfermo y ahora estaba bien... bueno, casi. En realidad, Arden era un niño especial. Nació con síndrome de Down. Eso significaba que no era como la mayoría de los otros niños, pero para Mara era súper especial.

Arden era la alegría de su familia. Estaban más unidos porque Arden necesitaba ayuda extra, y todos querían ayudarlo. Le tomó mucho tiempo aprender a caminar y a hablar. Pero Mara lo había ayudado a aprender.

Mara también aprendió muchísimo de Arden. Él siempre estaba contento, casi nunca lloraba, y nunca golpeaba a Mara. Nunca arrojaba cosas ni gritaba cuando jugaba con sus juguetes. Le gustaba compartir cualquier cosa que tenía. Esas eran buenas lecciones para que ella aprendiera.

Mara tenía que ir más despacio para jugar con Arden. Él no podía caminar muy rápido, ni podía patear muy bien la pelota.

Aun así, tenía esa enorme sonrisa cada vez que jugaba con él. Siempre sonreía y eso la hacía sonreír también.

Hasta la perra Labrador de la abuela quería a Arden. Missy nunca permitió que nadie se le subiera a caballito... excepto Arden cuando era pequeño. No le molestaba que le tirara de la cola ni que se subiera a su lomo. Missy siempre fue amable y buena con Arden, como si también supiera que era un niño especial.

Mara se daba cuenta que la gente los miraba de una manera especial cuando estaban con Arden. Mara pensaba que tal vez ellos también querrían tener un niño especial como Arden.

## Recuerda

*¡Levanta la voz por los que no tienen voz!*
*¡Defiende los derechos de los desposeídos!*
Proverbios 31:8

## CADA PERSONA TIENE UN DON.

### ¡Tú puedes hacerlo!

*¿Conoces a alguna persona con capacidades reducidas? Trata de conocerla más y pasa algo de tu tiempo con ella. ¡Serás bendecida!*

# Tú puedes ser alguien que cambie al mundo

**El que influye en el pensamiento de su tiempo, influye en el tiempo que vendrá.**

Solo tenía diez años cuando comenzó a preocuparse por la posibilidad de una guerra nuclear entre su país (EE.UU.) y la Unión Soviética. Por eso Samantha Smith decidió escribir cartas a los presidentes de los dos países. Estaban en 1982 y Samantha era una estudiante común de quinto grado en Maine.

Samantha no supo que los presidentes recibieron sus cartas hasta que un día la llamaron a la oficina del director. Pensando que debía haber hecho algo mal, se sorprendió mucho cuando al llegar supo que tenía una llamada telefónica de un periodista.

El periodista le dijo que sabía que el presidente de la Unión Soviética estaba tratando de localizarla para invitarla a su nación. Samantha no solo fue a la Unión Soviética, sino que también sugirió que todos los años los presidentes de las dos naciones intercambiaran sus nietas por dos semanas, porque le parecía que ninguno de los dos presidentes tiraría una bomba a un país al que podría visitar su nieta. Aunque su sugerencia no se tuvo en cuenta, todo el mundo reconoció a Samantha como representante de la paz.

Fue lamentable, pero Samantha y su papá murieron en un accidente de aviación en agosto de 1985. La pequeña niña que pensó que las personas podían «llevarse bien» se había ido, pero no la olvidarían. El gobierno soviético emitió un sello postal en su honor y bautizó con su nombre un diamante, una flor, una montaña y un planeta. En el estado natal de Samantha erigieron una estatua suya de tamaño natural cerca del capitolio de Maine en Augusta.

En octubre de 1985, la mamá de Samantha creó la Fundación Samantha Smith para subvencionar proyectos que enseñen a las personas acerca de la paz y que fomente la amistad entre niños de todas las naciones. Samantha se distinguió y tú también puedes hacerlo.

### Recuerda

*Dichosos los que luchan por la paz.*
*Mateo 5:9, LBD*

## AYUDA A INSPIRAR CONDUCTAS DE PAZ.

¡Tú puedes hacerlo!

*Hazte amiga de personas que crees que son muy diferentes a ti, y disfruta de las cosas que tienen en común. Sé una pacificadora.*

# Una decisión difícil

**La mejor disciplina, tal vez la única disciplina eficaz de verdad, es la autodisciplina.**

Clara miró fijo y durante largo tiempo la bandeja de galletitas que estaba sobre la mesa del comedor. ¡Habría como cien! Podía decir, por el aspecto y por el aroma, que eran sus favoritas. ¡Galletitas de avena, con nueces y pedacitos de chocolate! Clara miró a su alrededor. No había nadie a la vista.

«¿Quién se daría cuenta si faltara una galletita de esta bandeja tan grande?», se dijo en voz alta.

«Alguien que las hubiera contado por una razón en especial», se contestó al recordar que su mamá era la encargada de organizar una gran fiesta en la escuela.

«¿Pero por qué tenía que hacer justo mis favoritas? Ella sabía que me volvería loca si veía las galletitas aquí sobre la mesa», dijo en voz alta.

«Quizá hiciera tus favoritas porque son para llevarlas mañana para ti y tu clase», se contestó.

«Nunca sabrá nadie que fui yo la que tomó una galletita», se volvió a decir.

Justo en ese momento, entró al comedor su hermana Heather.

—¿Estás sola? —le preguntó—. Me pareció escuchar voces discutiendo.

—Sí, estoy sola —dijo Clara un poco avergonzada de que su hermana la hubiera pescado hablando sola.

—¿Qué discutías? —le preguntó Heather.

—No tiene importancia —dijo mientras salían del comedor.

—¿Quién ganó la discusión? —bromeó Heather.

—Mi mejor yo —dijo Clara—. El yo que quiere una galletita, pero que no quiere que la pesquen robándola, y el yo que sabe que mañana tendrá una de todas formas. ¡Ese al que he tenido que sacar de aquí porque el aroma lo está volviendo loco!

### Recuerda

*El fruto del Espíritu es [...] dominio propio.*
*Gálatas 5:22-23*

**DIOS SIEMPRE TE AYUDA.**

### ¡Tú puedes hacerlo!

*Haz la voluntad de Dios y pídele que te dé su poder. Eso te dará verdadera fuerza de voluntad.*

# Diferentes dones

**Recuerda tus posibilidades. Olvida tus limitaciones.**

El sonido que salía del violín se escuchaba como si el pobre instrumento estuviera chillando por ayuda. Hasta el violín de la maestra de Rosa parecía un poquito impresionado por todos esos chillidos y crujidos que hacía Rosa.

No era música.

—Es suficiente por hoy —dijo la Srta. Temple de forma brillante—. Asegúrate de practicar.

Rosa estuvo desanimada durante la cena. Estaba sentada en su cama llorando cuando su papá golpeó con suavidad la puerta.

—¿Rosa? —dijo él entreabriendo la puerta—. ¿Puedo pasar?

—S-sí —sollozó Rosa.

Pronto el papá estaba sentado a su lado pasándole el brazo sobre sus hombros.

—Yo no puedo hacer esto —se quejó Rosa—. ¡Odio el violín! He estado tomando lecciones por casi dos años, y todavía no soy buena.

—Tal vez no sea tu talento —dijo el papá.

—¿Q-qué quieres decir? —hipó Rosa.

—Dios nos da a todos diferentes talentos. Algunos pueden cantar muy bien, o escribir, o dar discursos, pero no todos somos excelentes en todo.

—Yo puedo cantar —dijo Rosa—. A veces el director del coro de la iglesia me pide que cante un solo.

—Ahí tienes —dijo el papá.

—Sí, pero todavía quiero tocar algún instrumento —dijo Rosa—. Mi amiga Jazmín me enseñó algunos acordes en el piano, y lo hice muy bien.

—Algunas veces —dijo el papá—, podemos mejorar en algo si trabajamos mucho en eso. Pero hay ocasiones en que toda la práctica del mundo no ayuda.

—Como el violín y yo —sonrió Rosa con tristeza.

—Así lo creo —dijo el papá—. Me parece que es el momento de cambiar.

### Recuerda

*Tenemos dones diferentes, según la gracia
que se nos ha dado.*
Romanos 12:6

## DESCUBRE LO QUE HACES MEJOR.

¡Tú puedes hacerlo!

*No te desanimes si hay algo que no puedes hacer tan bien como lo hace alguna de tus amigas. ¡Puedes estar segura que Dios te ha dado alguna habilidad en la que eres buena de verdad!*

# Jóvenes damas de honor

**Cuando uno no tiene lo que le gusta, a uno debe gustarle lo que tiene.**

La tía Megan se casaba y Blythe y Kelsey estaban emocionadas. Las dos iban a formar parte de la boda como jóvenes damas de honor. Era muy divertido, vestidos y zapatos nuevos, citas en peluquerías y fiestas. Las hermanas contaban los días. La tía Megan era su tía favorita y querían que todo fuera perfecto.

El día de las grandes compras, Blythe y Kelsey fueron con la mamá y la tía Megan a elegir los vestidos. Sin embargo, no podían ponerse de acuerdo en cómo debían ser los vestidos. Blythe quería un vestido blanco y Kelsey quería uno púrpura. A la tía Megan le gustaba un vestido que en definitiva no era del gusto de ninguna de las dos niñas.

¿Qué iban a hacer? Habían pensado que esto iba ser divertido y no lo estaba siendo. ¿Cómo podían llegar a una decisión?

«Blythe y Kelsey», dijo la mamá, «vengan un momentito conmigo. Necesitamos hablar. Solo tendrán que usar el vestido una vez. ¡Este es el gran día de la tía Megan para ser la estrella!»

«Me parece que está bien. Nunca hemos sido jóvenes damas de honor y queríamos parecer adultas».

Blythe y Kelsey estuvieron de acuerdo en usar los vestidos elegidos por la tía Megan. Se resolvió el problema y se compraron los vestidos.

El día de la boda de la tía Megan, Blythe y Kelsey se pusieron sus vestidos nuevos. Estaban emocionadas aunque los vestidos no fueran justo los que querían. La tía Megan era una novia hermosa.

Mientras el fotógrafo les sacaba las fotos, les dijo a Blythe y Kelsey:

«Nunca he visto jóvenes damas de honor más hermosas. Voy a pedirles permiso a sus padres para usar sus fotos en un concurso fotográfico».

¡Blythe y Kelsey estaban muy sorprendidas! «Está bien por nosotras», dijo Blythe. «¿Nos avisarás si ganas?»

### Recuerda

*El egoísta busca su propio bien;*
*contra todo sano juicio se rebela.*
Proverbios 18:1

## NO PIENSES SOLO EN TI.

¡Tú puedes hacerlo!

*Si hoy no estás de acuerdo con algunas personas, trata de comprender la situación desde el punto de vista de ellas y cómo las beneficia.*

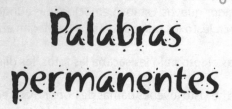

# Palabras
# permanentes

**El enojo en sí mismo hace más daño que
el hecho que causó el enojo.**

Janelle no podía creer que había tenido que dejar su hermoso dormitorio cuando su tía Ida había ido a vivir con ellos. Ahora su hermanita la molestaba mientras estudiaba, y ella no podía evitar gritarle. Su hermanita le contestaba gritando también.

La tía Ida abrió la puerta y dio unas palmadas:

—¡Niñas! ¡Niñas! ¡Quietas!

El enojo de Janelle creció y su voz se elevó aun más.

—Bueno, entonces vete a donde haya más tranquilidad. Esta es nuestra casa y gritaremos si así lo queremos. Además, si yo tuviera mi dormitorio, no estaríamos gritándonos.

Atónita, la tía Ida se dio vuelta y salió de la habitación, cerrando la puerta detrás de ella. La puerta se abrió solo unos segundos más tarde y entró la madre de Janelle.

—Janelle —dijo su madre—, ya te he dicho muchas veces que el enojo lastima a muchas personas, incluyendo al enojado. Tú no sabes que cuando hace un mes murió el esposo de la tía Ida, la dejó sin dinero y con montañas de facturas por pagar. Ella no tenía a dónde ir. Ahora las dos, ella y tú, deben vivir con las palabras de enojo que dijiste.

—¡Pero yo en realidad no quise decir eso! —Janelle comenzó a llorar—. Yo no quería lastimarla.

—Pero lo hiciste y no puedes volver atrás. Las palabras que se dicen, verdaderas o no, no se pueden retirar.

—Me disculparé —dijo Janelle.

—Sí, esa es una buena idea. Pero además tendrás que hacer algo para demostrarle que esta es también su casa. Sobre todo, necesitas hablar con Dios para controlar tu temperamento.

Luego, esa tarde, Janelle tocó a la puerta de la tía Ida.

«Vine a disculparme», le dijo, «y... traje flores para tu habitación».

## Recuerda

*Quien fácilmente se enoja, fácilmente entra en pleito;*
*quien mantiene la calma, mantiene la paz.*
Proverbios 15:18, TLA

## LAS PALABRAS DE ENOJO HIEREN A TODOS.

### ¡Tú puedes hacerlo!

*Cuando algo te cause enojo,*
*cuenta hasta diez antes de hablar.*

# Tiempo de bayas

**Refunfuñaba como un niño por todas las tareas de la casa y la práctica que tenía que hacer... Ahora, al mirar atrás, estoy agradecida porque ese trabajo duro me ha convertido en una persona más fuerte y responsable.**

A Kimberly y a su hermano, Mark, les encantaba estar en el campo con su abuela y su abuelo. Una de las cosas que más disfrutaban era montar a caballo. Les encantaban los caballos.

Era la época de las zarzamoras. Todos los años, la abuela pedía que la ayudaran a recoger las moras. Era agotador sacar las moras que crecían de las plantas espinosas.

—Si no sacamos las moras hoy, se pudrirán en las plantas —dijo la abuela—. Si tomamos un balde cada uno, no tardaremos mucho.

A Mark y a Kimberly les encantaba comer moras y les gustaba mucho el dulce casero que hacía la abuela, pero sentían menos entusiasmo por recoger moras. Preferían montar a caballo.

Los niños se miraron el uno al otro.

—Ayudaremos, abuela.

Tomaron un recipiente cada uno y se dirigieron al lugar de las moras. No pasó mucho tiempo antes de que Mark dijera:

—Me duele la espalda, no creo que pueda hacer esto por mucho tiempo más.

Libro devocionario de Dios para Chicas 89

—Trata de llenar tu balde, Mark. Entonces quedarás libre por hoy. ¿Cómo va eso, Kimberly? —preguntó la abuela.

—Va bien, abuela. Comí algunas moras, eso me ayuda a mantenerme —bromeó Kimberly.

Mark llenó su balde casi hasta el borde y declaró haber terminado. Se fue a cabalgar. Kimberly continuó trabajando. No llenó solo un balde, llenó dos.

Antes de que se fueran a su casa, el abuelo dijo:

—Kimberly, aquí tienes $5 por tus dos baldes de moras. Mark, aquí tienes $2.50 por tu balde.

—¡No sabía que nos iban a pagar por esto! —contestó Mark.

—Tu abuela y yo pensamos que deberían ser recompensados por su duro trabajo. No podemos hacerlo todo nosotros solos. ¡Muchas gracias! Y este invierno, todos vamos a poder tomar helado de moras.

# Recuerda

*Las manos ociosas conducen a la pobreza;*
*las manos hábiles atraen riquezas.*
Proverbios 10:4

## TU MEJOR ESFUERZO ES UNA RECOMPENSA.

## ¡Tú puedes hacerlo!

*Puedes comenzar y terminar un trabajo grande dividiéndolo en trabajos más pequeños, haciéndolos uno a uno hasta que todo el trabajo esté completo.*

# Elige la verdad

**La verdad no siempre es popular,
pero siempre es lo bueno.**

—En realidad, no es una mentira —dijo Hope—. Vamos a ir al centro comercial.

—Sí —contestó Felicia—, pero lo que tienes en mente es ir a ver una película y hay un cine en el centro comercial.

—Así es —dijo Hope—. ¡Pero está en el centro comercial!

—Tú sabes que tus padres no te han dado permiso para ver esa película. Es prohibida para menores y nuestros padres nos han dicho que no podemos ver películas prohibidas para menores.

—Ellos nunca lo sabrán —enfatizó Hope—. Todos dicen que es una de las mejores películas que han visto. ¿No tienes ganas de verla?

—Me parece que si la película es tan buena, va a ser difícil no comentarla, pero si decimos algo, nuestros amigos nos descubrirán. Puedes mantener la boca cerrada por una vez —dijo Felicia—. ¿Pero nos dejarán entrar? No parecemos de diecisiete años.

—¡Habla por ti misma! —dijo Hope—. En estos días nadie puede distinguir a una adolescente de trece de una de diecisiete. Actúa como una de diecisiete y pensarán que los tienes.

—¿Y si nos piden documentos? —preguntó Felicia.

—Nunca he visto que le pidieran identificación a alguien, ¿y tú? —Preguntó Hope—. ¿Vamos o no?

Felicia lo pensó por un momento.

—No —dijo.

—¿Por qué eres tan rara con respecto a esto? —le preguntó Hope. —Bueno, yo no voy a decir que estuve en el centro comercial cuando en realidad estuve en el cine. No voy a tratar de recordar no hablar sobre una película que no debía ver. Y no voy a fingir que tengo diecisiete años.

—Bueno, entonces, ¿qué quieres hacer el sábado por la tarde?

—¡Ir al centro comercial! ¡Tengo dos cupones de descuento y uno de regalo!

—¡Por qué no lo dijiste antes! —sonrió Hope.

### Recuerda

*Dejen de mentirse unos a otros, ahora que se han quitado el ropaje de la vieja naturaleza con sus vicios, y se han puesto el de la nueva naturaleza.*
Colosenses 3:9-10

**MENTIRAS SON LO QUE OCULTAS DECIR.**

## ¡Tú puedes hacerlo!

*Es más fácil decir la verdad que mentir, porque cuando dices la verdad, no tienes que recordar lo que dijiste. Pídele al Señor que te ayude a ser una «hablante de la verdad».*

# Todavía mejor

**Tú puedes hacer lo que debes hacer,
y algunas veces puedes hacerlo incluso
mejor de lo que crees que puedes.**

Nicole pensó que la materia «economía doméstica» era la idea más tonta que había oído. Su mamá la había anotado en algo llamado «curso de ama de casa» en la escuela de verano, le había dicho que era un curso que ella tomó cuando tenía la edad de Nicole.

Al principio, a Nicole le gustó la clase. Aprendió a hornear pan y a poner la mesa para una cena elegante. Ahora estaban cosiendo. Y entre todas las cosas, ¡la maestra le había mandado hacer un delantal!

—Ya nadie usa delantales —le dijo Nicole a su madre mientras pinchaba el molde a la tela que había elegido.

—Bueno, tal vez podrías usar este —dijo su madre—. Y aun si no lo usas, se pueden aprender muchas cosas haciendo un delantal.

Nicole descubrió que le gustaba usar la máquina de coser.

—Tengo una idea —dijo la madre cuando Nicole estaba terminando—. Veamos si podemos hacer un mejor delantal todavía. Dios siempre quiere que hagamos las cosas lo mejor que podamos, no solo hacerlas bien.

—¿Cómo? —preguntó Nicole—. Todas estamos usando el mismo molde, y solo hay tres tipos de telas para elegir.

La madre le entregó un pañito de cocina.

—Hagamos tres ojales en este pañito y cosamos tres botones en el cinto de tu delantal.

—¡Qué buena idea! —dijo Nicole—. De esta forma no hay que andar buscando el pañito, siempre estará a mano.

Cuando estaba terminando, Nicole le dijo a su mamá:

—Sabes, después de todo, yo podría usar este delantal.

Recuerda

*Todo lo que te viniere a la mano para hacer,*
*hazlo según tus fuerzas.*
*Eclesiastés 9:10, RV-60*

**SIEMPRE HAZ LO MEJOR QUE PUEDAS.**

¡Tú puedes hacerlo!

*Busca la forma de hacer algo extra, ir un poco más lejos o de dar un poco más. Lo poco que puedas agregar a tu esfuerzo puede ser la diferencia entre bien y excelente.*

# Tú no estás invitada

**Detrás de cada desilusión hay un tesoro.**

«¡Va a ser la fiesta la mejor de las fiestas!», exclamó Claire. «La mamá de Todd contrató una banda, habrá tres tipos de tortas diferentes, fuegos artificiales y mucho más. ¡No puedo esperar!»

Nina suspiró. Parecía grandioso. La mamá de Todd era la mejor cuando se trataba de organizar fiestas.

Pasaron varios días antes de que Nina se diera cuenta que la mayoría de sus compañeras habían recibido las invitaciones... y ella no. Durante la cena, apenas tocó su comida y se sentía mal.

—¿Qué pasa? —preguntó la mamá.

—La fiesta de Todd es mañana y no me invitó —murmuró.

—¿Es Todd muy amigo tuyo? —preguntó el papá.

—No, en realidad no lo conozco tanto. Está en algunas de mis clases. Y algunas veces me saluda, pero eso es todo.

—Pero te sientes dejada de lado —dijo la mamá—. Eso es normal. Sé que duele, pero en verdad es más divertido estar con personas que en realidad quieren estar con uno.

—¡Y que de verdad te gustan! —dijo el papá sonriendo.

—¡Como nosotros! —exclamó la mamá saltando para darle un abrazo a su hija—. Mañana en la noche creo que vamos a tener nuestra propia fiesta, solo nosotros tres.

—¿Tendremos torta? —preguntó Nina.

—Por supuesto —dijo la mamá.

—¿De tres tipos diferentes? —preguntó Nina con un destello en sus ojos.

—¡Ahora estás haciendo chistes! —se rió la mamá.

—Pero vamos a poner CD y vamos a cantar y vamos a bailar.

—Por favor, no permitas que papá cante —dijo Nina con una risita. ¡Queremos que esta sea una fiesta divertida!

## Recuerda

*Muchos de los primeros serán últimos, y muchos de los últimos serán primeros.*
*Mateo 19:30*

## DEBES ESTAR CONTENTA POR LOS QUE TE AMAN.

## ¡Tú puedes hacerlo!

*Aquí en la tierra, quizá no estés en la lista de invitaciones de todas las fiestas, y eso está bien. Cuando aceptas a Jesucristo como tu Salvador personal, tienes la mejor invitación que recibirás jamás.*

# El choque

**Cuando terminas con tus tareas del día,
ve a dormir en paz. Dios está despierto.**

Bridget y su amiga Mary Grace iban sentadas en el asiento trasero del auto de la mamá de Mary Grace charlando sobre lo que había sucedido ese día en la escuela.

—Fue tan gracioso cuando Bart derramó esa pintura sobre la tela en la clase de dibujo y la Sra. Johnson dijo que parecía una gran obra de arte —dijo Bridget, recordando cómo se rieron todos.

—Sí —dijo Mary Grace con una risita—, ¡y lo más gracioso fue que Bart estuvo de acuerdo! Él dijo...

¡PUM! La conversación se interrumpió de forma repentina cuando el auto chocó con otro que pasó con luz roja la intersección.

—¿Están bien niñas? —preguntó la mamá de Mary Grace preocupada, dándose vuelta para mirar el asiento trasero.

Bridget y Mary Grace estaban conmocionadas, pero no estaban lastimadas.

—No se preocupen —dijo la mamá—, todo va a estar bien.

Llegó la policía, los conductores intercambiaron los datos para el seguro y la mamá de Mary Grace llevó a Bridget a su casa. Sus padres estaban disgustados por el accidente, pero estaban agradecidos porque su hija no se había lastimado.

—Tenía puesto mi cinturón de seguridad —dijo Bridget—. Me dijiste que lo usara siempre. Es raro, pero me sentí tranquila todo el tiempo.

—¿Qué quieres decir? —preguntó su madre.

—¿Recuerdas que tú dices que Dios siempre nos está mirando? —explicó Bridget—. Yo sentía que Dios estaba ahí, justo en el auto, fue una sensación genial.

El papá de Bridget sonrió y abrazó fuerte a su hija.

—Es un alivio saber que cuando ni mamá ni yo podemos estar contigo, Dios hace su trabajo.

—Seguro que sí —dijo Bridget—. ¡Él es grandioso!

## Recuerda

*Jamás duerme ni se adormece.*
*Salmo 121:4*

### DESCANSA, LOS OJOS DE DIOS
### SIEMPRE ESTÁN ABIERTOS.

¡Tú puedes hacerlo!

*No importa cuánto tratemos de ser cuidadosos, los accidentes pueden ocurrir. Es un alivio saber que Dios está siempre con nosotros y sabe lo que sucede. Nosotros no tenemos que preocuparnos.*

# Haz el papel

**La felicidad no consiste en tener lo que uno quiere,
sino en querer lo que uno tiene.**

Los carteles estaban por toda la escuela anunciando la próxima gran producción teatral: «Cenicienta». No podría decirse que los niños hicieran fila a fin de que los probaran para el papel del príncipe, pero todas las niñas de sexto grado suspiraban por ser Cenicienta.

En los dos últimos años, Pamela había hecho los papeles principales en las obras de la escuela. Era buena siguiendo las órdenes del director y excelente memorizando sus líneas. Por supuesto, se presentaría para obtener el papel principal de Cenicienta y, desde luego, lo obtendría.

Pero no lo obtuvo. Cuando se conoció la lista del elenco, descubrió que su papel sería el de una de las hermanastras malas. Para hacer las cosas peores, querían que usara una gran nariz postiza como parte de su disfraz. Sería el hazmerreír de toda la escuela.

—¡No lo haré! —le dijo Pamela a su mamá mientras conversaban sobre la obra—. Yo debería hacer el papel principal, soy la mejor actriz. Dijeron que le daban el papel a Macie porque tenía la apariencia física justa. ¡Yo también la tengo! Podría usar una peluca rubia.

—Creo que te dieron el otro papel porque necesitaban a alguien que pudiera ser graciosa —le dijo su mamá—. Ser actriz cómica es mucho más difícil que ser actriz seria. No cualquiera puede hacerlo. Tú probaste que podías serlo en la obra del año pasado. No eras la estrella principal, pero todos comentaban el buen trabajo que hiciste.

—En realidad quería ser Cenicienta —suspiró Pamela—, pero me parece que hay algo bueno en no haber obtenido el papel.

—¿Qué es? —preguntó la mamá.

—¡Qué no tendré que fingir que estoy locamente enamorada del niño que hace de príncipe!

### Recuerda

*Cada uno de nosotros ha recibido los dones*
*que Cristo le ha querido dar.*
*Efesios 4:7, DHH*

## HAZ LO QUE MEJOR HACES.

### ¡Tú puedes hacerlo!

*Dios tiene algo especial para cada uno de nosotros. Pídele y entonces sigue su dirección. Eso nos traerá la mayor felicidad que podamos conocer.*

# Todos los días

**Es mejor ser fiel que famoso.**

—**B**ueno, ¿qué tal fue este año? —les preguntó el papá a Brock y a Fran esa tarde una vez que los niños desempacaron y tomaron un baño caliente. Brock y Fran habían ido de campamento por una semana. Cuando el papá los recogió en la iglesia, parecían estar contentos y bronceados, pero también hambrientos y cansados. El momento para conversar sería después de cenar, antes de irse a dormir.

—Estuvo genial —gritó Fran—. En realidad, me gustó el orador de este año. También tuvimos unas buenas charlas y discusiones en nuestro grupo. Y nadar en la laguna y jugar en los canales es siempre divertido.

—¿Y a ti, qué es lo que más te gustó? —le preguntó el papá a Brock.

—En realidad, me gustaron los niños de mi cabaña de este año. A la verdad que tuvimos un buen consejero. Su nombre era Luke y era un verdadero cristiano.

—Tengo un poquito de curiosidad por saber a lo que llamas un verdadero cristiano —dijo el papá.

—Bueno —dijo Brock—, nos hacía pasar el momento después del almuerzo en el bosque con nuestras Biblias, y nos dejaba leer lo que quisiéramos. Llamaba a eso "tiempo devocional". Y cuando se apagaban las luces en la noche, nos guiaba en oración al Señor.

—Esas son muy buenas cosas cristianas para hacer —estuvo de acuerdo el papá—. Es de esperar que el consejero de una campamento cristiano haga esas cosas.

—Pero papá —dijo Brock—, no hicimos eso solo una o dos veces. Lo hicimos todos los días.

—Hay mucho para decir sobre fidelidad —dijo el papá—. Eso es en realidad lo que nos hace verdaderos cristianos para los que no conocen a Jesús como su Salvador.

### Recuerda

*El fruto del Espíritu es [...] fidelidad.*
*Gálatas 5:22*

## SER FIEL SIGNIFICA SEGUIR AL SEÑOR.

## ¡Tú puedes hacerlo!

*Adquiere el hábito de hacer las cosas a la manera de Dios. Los mejores hábitos se convierten en los mejores rasgos de tu carácter.*

# Gracia agradecida

**Es agradable ser importante,
pero más importante es ser agradable.**

«¡**M**amá, esto es una tontería!», se quejó Catherine. «¿Por qué simplemente no puedo llamar a la tía Catherine y decirle que me gustó el collar que me mandó para mi cumpleaños? Es mucho más rápido y más fácil. ¡De todas maneras costaría menos que ponerle un sello a este sobre viejo!»

Su madre no estaba divertida.

«Catherine, llevas el nombre de tu tía, y para ella eres alguien especial. Se tomó el trabajo de buscar y mandarte algo que pensó que te gustaría. Deberías tener buena voluntad para destinar unos pocos minutos de tu tiempo a escribirle una corta nota de agradecimiento».

Catherine se rindió. No tenía sentido seguir discutiendo con su madre cuando usaba ese tono de voz. Usó el papel de cartas que le dio su madre y escribió cuatro oraciones cortas diciéndole a su tía que le había gustado el collar y que tenía pensado usarlo el próximo domingo. También se aseguró de decir gracias.

Cuando su tía los fue a visitar dos meses más tarde, Catherine se aseguró de que su conjunto de domingo incluyera el collar.

Cuando estaban sentados todos juntos en un banco en la iglesia, la tía Catherine se inclinó ligeramente hacia adelante para ver mejor a su linda sobrina que usaba el collar. Al hacer esto, su Biblia se deslizó por su falda y varios sobres guardados en ella cayeron al piso. Al ayudar a su tía a levantar los papeles, Catherine reconoció su propia escritura en uno de los sobres.

«¡Guardaste mi nota!», le dijo Catherine a su tía.

«¡Por supuesto! Tu nota me hizo sentir muy bien. Me encanta leerla cuando estoy un poquito triste y extraño a mi familia que vive aquí. Los buenos modales siempre hacen que las personas se sientan mejor. Siempre es bueno ser agradecidos, a Dios y a otras personas».

### Recuerda

*Les escribí […] para que delante de Dios se dieran*
*cuenta por ustedes mismos de cuánto interés tienen en*
*nosotros. Todo esto nos reanima. Además del consuelo.*
2 Corintios 7:12-13

## LOS BUENOS MODALES MUESTRAN A
## LOS OTROS EL AMOR DE CRISTO.

### ¡Tú puedes hacerlo!

*Si haces cosas para que otros se*
*sientan más cómodos, aceptados o*
*apreciados, tú te sentirás más cómoda,*
*aceptada y apreciada.*

# Cuídate

**La salud es mejor que la riqueza.**

**B**etsy no podía entender por qué alguien querría levantarse a la cinco y media de la mañana los sábados, en especial en invierno. Sin embargo, su papá lo hacía todas las semanas. Se ponía su traje de correr, sus zapatillas deportivas y hacía su rutina de cinco kilómetros. Y no lo hacía solo los sábados. ¡Lo hacía varias veces a la semana! También iba a un gimnasio a levantar pesas.

—Papá —le preguntó Betsy un día—, ¿por qué haces esto? ¿No te cansas de levantarte tan temprano? ¿Y cómo puedes correr cuando hace tanto frío? ¿No preferirías quedarte en la cama y dormir?

El papá le sonrió.

—Déjame preguntarte esto —dijo—. ¿Cuando seas mayor, en qué estado físico te gustaría estar?

—En buen estado.

—¿Y qué harás para mantenerte así hasta que seas mayor?

—Supongo que no comeré demasiado —dijo Betsy.

—La dieta es importante —estuvo de acuerdo el papá —, pero también tienes que hacer ejercicio físico. Tienes que hacer que tu corazón, tus pulmones y tus músculos trabajen para que se mantengan saludables y fuertes.

—Pero no me gusta hacer ejercicio —se quejó Betsy.

—Tienes que encontrar algo que en realidad te guste hacer...

—Como jugar tenis —interrumpió Betsy.

—Exacto, o puedes montar en bicicleta o jugar baloncesto, o nadar...

—¿O salir a correr? —preguntó Betsy haciendo una mueca.

—Sé que hago algo bueno por mi cuerpo, y también me hace sentir bien el saber que pude cumplir con la meta que me había propuesto de correr cinco kilómetros —dijo el papá.

—Tal vez algún día salga a correr como tú —dijo Betsy—, pero por ahora, me parece que me quedo con el tenis.

### Recuerda

*¿No saben que ustedes son templo de Dios y que el Espíritu de Dios habita en ustedes?*
*1 Corintios 3:16*

## CUIDA TU CUERPO.

## ¡Tú puedes hacerlo!

*Dios nos ha dado cuerpos sorprendentes para que usemos mientras estemos en la tierra. Nuestro trabajo es cuidarlos hasta que tengamos nuevos cuerpos en el cielo.*

# Alguien digno de imitar

**Alimenta tu mente con grandes pensamientos. Creer en lo heroico produce héroes.**

El funeral del abuelo de Madison fue uno de los mayores vistos en la ciudad. Más de quinientas personas asistieron a la iglesia para el servicio fúnebre. Amigos del abuelo que lo conocían desde la niñez, vecinos, personas que trabajaron con él, amigos más jóvenes, comerciantes, hermanos, sus hijos y sus nietos, todos fueron a celebrar la vida que él vivió. ¡Madison no tenía idea que a su abuelo lo conocían tantas personas!

«Hoy estamos aquí para despedir a un amigo muy querido», dijo el ministro cuando comenzó el servicio. «La buena noticia es que en realidad no es un "adiós", sino un "hasta luego, Floyd", porque sabemos que Floyd está en el cielo con nuestro Señor y sabemos que lo volveremos a ver cuando todos estemos allí».

Cuando el ministro terminó de hablar, varios parientes y amigos del abuelo se acercaron a contarle lo especial que él había sido. Le contaron historia tras historia de los tiempos en que él les había prestado dinero, o cómo los había ayudado a sacar la nieve de sus caminos, a hacer arrancar sus autos, llevándolos a aeropuertos, consolándolos cuando fallecían sus seres amados, parecía que durante toda su vida nada había detenido al abuelo para mostrar el amor de Dios a los otros.

«Lo mejor que puedo decir de mi papá», agregó el papá de Madison, «es que yo soy una mejor persona porque mi papá fue cariñoso, compasivo, honesto y sabía perdonar y yo siempre quise ser como él».

«Papá, ¿sabes qué?», dijo Madison cuando terminó el servicio. «Después de escuchar a toda esa gente diciendo esas cosas tan buenas del abuelo, he decidido que yo también quiero ser como él».

### Recuerda

*Imiten ustedes a Dios como hijos amados*
*que imitan a su padre.*
*Efesios 5:1, LBD*

## JESÚS ES EL MEJOR EJEMPLO A SEGUIR.

### ¡Tú puedes hacerlo!

*Es maravilloso tratar de ser como las personas que nos dan un buen ejemplo. Jesús es el mejor ejemplo que siempre hemos tenido. Si podemos ser como Él, ¡realmente seremos algo!*

# Llevemos bien las cuentas

**En la aritmética los números vuelan como palomas entrando y saliendo de tu cabeza.**

A Abigail le había ido bien en la venta de caramelos para la colecta de la escuela. Se los vendió a la gente de la oficina de su papá, a sus vecinos y a sus abuelos. La parte de las ventas era muy divertida, ella era buena vendiendo. Aun así, mantener el orden con el dinero... quién compraba qué, quién había pagado, quién debía... no era su punto fuerte.

Cuando terminaron las ventas, Abigail entregó los pedidos a la escuela. Tres semanas después, sus padres la ayudaron a recoger los dulces, a pagarlos y a poner en orden los pedidos. Esto no iba bien. Parecía que había un gran problema.

—Papá, no puedo resolver esto. Entregué $156 a la escuela. El total de la orden era $245. La diferencia es $89. Pero según mis cuentas, mis clientes me deben solo $47. Eso significa que me faltan $42. ¿Puedes revisar mis cuentas?

—Tus cuentas parecen estar bien, querida. Pero tienes razón, te faltan $42 —dijo el papá de Abigail después de revisar varias veces los números—. Hay una sola cosa que puedes hacer, Abigail. Tendrás que conseguir ese dinero y pagarlo a la escuela.

Abigail no tenía tanto dinero. Le llevaría muchísimo tiempo juntarlo. Pensó: *Podría decir que entregué todo el dinero y que otro cargue con la culpa de lo que falta. O podría pedirles a mis clientes una colaboración extra para la colecta. O podría cobrar una tarifa extra por entregar las órdenes. O podría...* Al fin, decidió que esas no eran buenas opciones.

—Supongo que corresponde que me haga cargo de reponer el dinero que falta.

Ella vació su alcancía y pidió prestado algo de dinero de su cuenta de ahorros.

—Esta es una dura lección, Abigail —dijeron sus padres—, pero tomaste la mejor decisión.

### Recuerda

*Que me protejan mi honradez y mi inocencia, pues en ti he puesto mi confianza.*
*Salmo 25:21, DHH*

## LA HONRADEZ NUNCA TE DESILUSIONARÁ.

### ¡Tú puedes hacerlo!

*Cuando cometas un error, admítelo. Luego ve y haz lo que sea bueno para repararlo.*

# Cuando caminamos sin hacer ruido

**Nada pone a una persona más lejos del alcance del diablo que la humildad.**

—Gordon es un flojo —dijo Jill.

—¿Por qué dices eso? —preguntó el papá—. ¿Porque no juega al fútbol ni dice malas palabras o no fanfarronea por ahí como si fuera el mejor del mundo?

—No —dijo Jill—. Es un flojo porque siempre retrocede y no se defiende cuando los otros niños lo molestan. Necesita defenderse solo.

—¿Por qué lo molestan? —preguntó el papá.

—Ah, por tonterías —dijo Jill—. Lo molestan porque se va cuando cuentan chistes sucios o permite que alguien se ponga delante de él en la fila y no le dice que se vaya. Tonterías como esas.

*Tal vez debería hablar con él, pensó el papá. Está en el grupo de exploradores que lidero. Nunca he notado que retrocediera a alguna de las cosas que hacemos en nuestras caminatas o en los campamentos nocturnos. Parece tener mucho coraje y siempre es servicial con los nuevos exploradores del grupo.*

—Gordon —lo llamó el señor White en la siguiente caminata que hicieron juntos—. Los amigos siempre les ponen sobrenombres a los otros amigos. ¿Qué haces si los niños te ponen sobrenombres?

—No hago nada —dijo Gordon—. ¿Qué sentido tiene? Me imagino que si soy desagradable con los niños que me ponen sobrenombres, de alguna manera eso evita que sea agradable con las personas. No puedes ser desagradable y agradable al mismo tiempo.

Luego añadió:

—Mi papá una vez me contó acerca de un presidente de los Estados Unidos que dijo caminar sin hacer ruido y llevar un gran bastón. Mi papá dijo que prefería el dicho. "Camina sin hacer ruido y cree en un gran Dios". A mí me gusta eso también.

*Gordon no es un flojo,* pensó el señor White. *Es humilde. ¡Y qué bueno es eso! Necesito enseñarle a Jill la diferencia.*

### Recuerda

*El fruto del Espíritu es [...] humildad.*
*Gálatas 5:22-23*

## LA HUMILDAD PUEDE HABLAR POR TI.

¡Tú puedes hacerlo!

*Muchas personas dicen que tenemos que pelear nuestras propias batallas, pero la Palabra de Dios dice que el Señor peleará por nosotros. Confía hoy en Dios para que haga todas tus «peleas».*

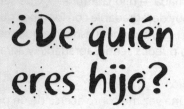

# ¿De quién eres hijo?

**Tú eres mío y yo soy tuyo. Así sea. Amén.**

—¿De quién eres hijo? —preguntó la mamá en un tono de voz que parecía de animadora.

—¡Yo soy uno de los hijos de Williams! —gritaron los tres niños desde el asiento de atrás pareciendo también animadores.

—¿Quiénes son una familia?

—¡Nosotros somos una familia! —contestaron contentos los niños.

—¿Y qué hacen los miembros de una familia?

—¡Se aman! —gritaron los niños.

—No olviden eso —dijo la mamá ya con una voz normal—. Recuérdenlo todo el día.

La familia decía eso todos los días mientras iban a la escuela. Un día el hijo del medio de los Williams, Torry, le preguntó a su mamá:

—¿Por qué hacemos esto todas las mañanas?

—Porque quiero que ustedes sepan que la familia es muy importante —le respondió la mamá—. Tú perteneces a alguien que te ama y te cuida. Tienes un hermano y una hermana que te pertenecen. Tienes que amarlos y cuidarlos. Y lo más importante de todo, quiero que sepas que eres valioso.

—¡Oye, mamá! —dijo Torry—, te pareces a mi maestra de la Escuela Dominical. Nos dice las mismas cosas sobre Dios.

—¡Me acabas de dar una idea! —dijo la mamá—. ¡Vamos a agregar esa línea! ¿Quién ama a la familia Williams y a quién ama la familia Williams? —gritó la mamá, usando de nuevo su voz de animadora.

—¡Dios! —gritaron los tres niños desde el asiento de atrás.

—Ahora, nunca olviden eso —dijo la mamá—. ¡Recuerden eso todo el día!

*Haré de ustedes mi pueblo; y yo seré su Dios.*
*Éxodo 6:7*

## DIOS ES NUESTRO PADRE CELESTIAL.

¡TÚ puedes hacerlo!

*Es más fácil amar a las otras personas cuando recordamos que Dios también es su Padre celestial. Y todos podemos ser parte de su familia celestial.*

# Una cita con Dios

**Disfruta de un tiempo para ti
y de un tiempo para tu Dios.**

uando Brenda y su mamá llegaron a casa después de la reunión familiar, ya era medianoche. Brenda se quedó dormida tan pronto como apoyó su cabeza en la almohada. Soñó que ella y sus primos nadaban en el lago y que asaban malvaviscos en la orilla, lo mismo que hicieron en la reunión.

Parecía que había dormido por unos minutos cuando... ¡RRRING! Sonó el despertador a la hora en que tenía que levantarse para ir a la Escuela Dominical. Brenda apagó el despertador, gruñó y se dio vuelta en la cama. Unos minutos después entró su mamá para asegurarse que se había despertado.

En la mesa del desayuno, Brenda estaba de mal humor.

—¿Por qué no puedo dormir un poco más? —discutió—. ¿Cuál es el problema si falto a la Escuela Dominical de vez en cuando?

La mamá de Brenda dejó su taza de café.

—Piensa en ayer y en lo mucho que te divertiste con personas que tienen algo en común contigo. Tus primos te enseñaron algunas cosas, como por ejemplo, a nadar. En la Escuela Dominical estás con otros niños que aman a Jesús. Todos ustedes aprenden cosas sobre Él que les quedarán para toda sus vidas. Si te pierdes un domingo, podrías estar perdiéndote alguna lección importante que tal vez necesites algún día. No solo eso —dijo la mamá con un brillo en sus ojos—, Dios nos está esperando. Tenemos una cita con Él todos los domingos y Él nos extraña si no vamos.

—¿Quieres decir que está mirando su reloj, preguntándose adónde estaremos? —se rió Brenda—. Me parece que haríamos bien en apurarnos.

## Recuerda

*En Cristo, todo el edificio va levantándose en todas y cada una de sus partes, hasta llegar a ser, en el Señor, un templo santo. En él también ustedes se unen todos entre sí para llegar a ser un templo en el cual Dios vive por medio de su Espíritu.*
*Efesios 2:21-22, DHH*

## MANTÉN TU CITA CON DIOS.

¡Tú puedes hacerlo!

*La iglesia es como una reunión semanal con la familia. Te da la oportunidad de saber de los otros, orar por ellos y alabar y adorar a Dios, nuestro Padre, todos juntos. Es algo que no querrás perderte.*

# El resto de la historia

**Juzgar y condenar no son dones del Espíritu.**

Jeanne nunca había visto a la niña que estaba sentada en un banco en el salón de clases. Los estudiantes llenaron el salón, pero nadie le habló. Justo cuando Jeanne iba a presentarse, su mejor amiga, Elizabeth, se colgó de su brazo y la arrastró hasta el pasillo.

«¡Dos asientos juntos, Jeanne! ¡Apurémonos antes de que alguien los ocupe!», dijo Elizabeth, y corrió hacia donde estaban los dos pupitres. La campana sonó y la voz del director se escuchó por los altavoces.

«¡Buenos días! Por favor, pónganse de pie para el Juramento de Lealtad».

Los estudiantes se pusieron de pie. Desde el ataque terrorista a las Torres Gemelas en la ciudad de Nueva York, ese juramento tenía un nuevo significado para Jeanne y los otros estudiantes.

Jeanne notó que la niña de la primera fila permanecía sentada en su asiento. Sintió que se llenaba de ira. *¡Cómo se atreve una extraña a venir a nuestra clase y mostrar semejante falta de respeto!*, pensó. Terminó el juramento y Jeanne le murmuró a Elizabeth:

«¿Viste eso?»

«¿Qué? ¿La niña nueva? Este es un país libre».

La falta de preocupación de Elizabeth molestó aun más a Jeanne. Se pasó toda la mañana pensando cosas para decirle a la niña nueva.

Cuando sonó la campana para el recreo del almuerzo, Jeanne se dirigió hacia la extraña. Justo entonces, entró el señor Nichols, el guardián de la escuela, empujando un objeto con ruedas. Se detuvo delante de la niña nueva.

«Aquí la tienes, Shanna. ¡No más chirridos! La aceité bien y quedó como nueva», dijo mientras desplegaba de un golpe una silla de ruedas.

Jeanne se detuvo en su camino, avergonzada de lo que había pensado. Entonces, arrastrando a Elizabeth con ella, se presentó ante la niña nueva y le dijo:

«Hola, soy Jeanne y esta es Elizabeth. Esperamos que te sientes con nosotras para el almuerzo».

### Recuerda

*Ayuden a los débiles y sean pacientes con todos.*
*1 Tesalonicenses 5:14*

## NO JUZGUES HASTA CONOCER TODA LA HISTORIA.

¡Tú puedes hacerlo!

*Pídele a Dios que te dé un espíritu paciente cuando veas a alguien haciendo algo que tú crees que es una falta de respeto. Después, habla con la persona en lugar de juzgarla a sus espaldas.*

# Una casa limpia

**Si cada uno barre el frente de su casa,
toda la calle estará limpia.**

—¡Tiempo de limpieza de primavera!
Cuando Doug y Elaine escucharon a su mamá decir esas palabras quisieron correr y esconderse. Ahora que eran mayores, la mamá esperaba que ayudaran más con la limpieza general de la casa que le gustaba hacer dos veces al año.

—No entiendo por qué tenemos que vaciar estos roperos —masculló Doug mientras sacaba botas para la nieve, palos de *hockey* y un par de mitones rosa de un rincón.

—¡Espera! ¡Esos son los mitones que había perdido! —exclamó Elaine.

—¡Qué afortunada! —dijo entre dientes Doug mientras limpiaba el piso del ropero con un trapo.

—Estas ventanas ni siquiera parecen sucias —dijo Elaine mientras las rociaba con limpiador y frotaba de forma enérgica con una toalla de papel. Se sorprendió cuando vio la suciedad que quedaba en el papel.

—¿Cómo va todo aquí? —preguntó la mamá al entrar a inspeccionar la habitación.

—Nuestra casa no está tan sucia —dijo Doug—. Tú limpias todo el tiempo. ¿Por qué tenemos que hacer esto?

—¿Recuerdas que no limpiamos el garaje por mucho tiempo? —preguntó la mamá.

—Sí, y nos llevó tres días hacerlo, ¡y había arañas! ¡Puf! —dijo Elaine.

—Y esa caja de libros estaba arruinada porque había estado sobre un charco de agua —dijo la mamá—. Cuando mantienes la limpieza, es fácil hacerla y toma menos tiempo. Tan pronto como terminen con esto, estará todo hecho y podremos salir a comer pizza.

—¡Me anoto en eso! —exclamó Doug, agarrando el limpia muebles—. Este polvo se fue.

## Recuerda

*Por negligencia se hunde el techo,*
*y por pereza tiene goteras la casa.*
*Eclesiastés 10:18, NBLH*

### ¡LIMPIO ES MEJOR! ¡DE VERDAD!

¡Tú puedes hacerlo!

*Podrás creer que el trabajo de la casa no es divertido, pero tienes que admitir que es genial cuando está todo limpio y es fácil encontrar las cosas. Es importante también sacar el desorden de tu corazón.*

# El regalo

**Ser adulto es algo que decides en tu interior.**

Taylor detestaba ser la menor de la familia. Sentía que nunca podría hacer nada mejor que sus hermanas mayores Tripp y Tracey. No tenían muchos años de diferencia, pero eran suficientes como para que ella siempre se sintiera como «la chiquitita». *Ese es mi lugar en la vida para siempre*, pensó.

Se acercaba la Navidad, y Tripp y Tracey le estaban dando pistas acerca de lo que le podrían regalar a Taylor. Si lograba adivinar, sucedería algo sorprendente: le permitirían ir a esquiar con ellas y sus amigas cuando fueran a la casa de la abuela y el abuelo en Colorado. ¡Apenas podía creerlo! Ella había ido a esquiar con toda la familia, pero nunca con Tripp, Tracey y sus amigas.

Taylor estaba entusiasmada y llena de expectativas. Hizo el inventario de su equipo de esquí. Todo estaba reparado y en buen estado.

La semana antes de Navidad, Tripp y Tracey le dijeron que tenían que hablar con ella.

—Taylor —comenzaron—, hemos estado pensando. Podrías ser demasiado pequeña como para venir con nosotras y nuestras amigas. Tal vez el año próximo.

Taylor estaba destrozada, pero no discutió. Era el viaje de sus hermanas y de sus amigas. En la mañana de Navidad había una caja envuelta con el nombre de Taylor. Sin duda era un premio de consuelo. Aun así, lo abrió con prisa. Adentro había un sobre con su nombre. Sacó la tarjeta. Era una invitación de parte de Tripp y Tracey... ¡una invitación para ir a esquiar!

«¡Vaya!», dijo Taylor. «¡Pensé que habían cambiado de idea!»

«Bueno. Pensamos hacerte una prueba para ver si eras lo suficiente madura como para venir. ¡Y la pasaste con las mejores clasificaciones!»

## Recuerda

*El niño crecía y se fortalecía;*
*progresaba en sabiduría, y la gracia*
*de Dios lo acompañaba.*
*Lucas 2:40*

## CRECE DESDE EL INTERIOR.

### ¡Tú puedes hacerlo!

*En ciertas oportunidades*
*lo más sabio es no decir nada.*

# Desenreda la red

**¡Ah, que enmarañada red tejemos cuando
comenzamos a engañar!**

—¿Escuchaste lo que hizo Trista? —preguntó Laura—.
En la prueba de geografía copió las respuestas de
Mackenzie.

—¿De verdad? No parece algo que haría Trista —contestó
Madison—. Es lo suficiente inteligente como para sacar buenas
notas por ella misma.

—Bueno, tal vez sea así cómo las saca.

—No creo que sea verdad. La mamá de Trista es maestra de
escuela. Nunca le permitiría hacerlo.

—Bueno, eso es lo que dice Mackenzie.

*Me pregunto si eso es verdad en realidad*, pensó Madison, *Trista
y Mackenzie siempre están compitiendo por las notas más altas.*

—Deberías saber algo, Trista —dijo Madison—. Algunos dicen que copiaste de la prueba de Mackenzie. ¿Es verdad?

—¡Eso no es verdad en absoluto! ¿Quién diría semejante
cosa? —Trista estaba en verdad disgustada—. Mis padres me
castigarían por semanas si pensaran que yo hice trampas en un
examen. ¿Qué puedo hacer? Se lo diré a la Srta. Pennison.

Una vez que la clase salió al recreo, la Srta. Pennison dijo:

—Mackenzie, Trista dice que alguien le contó que tú estabas
esparciendo el rumor de que ella había hecho trampa en el examen de geografía. ¿Lo dijiste?

Mackenzie miró al piso.

—Sí Srta. Pennison, lo hice. Yo quería ser la mejor estudiante del curso, y pensé que Trista no sería la mejor si la gente creía que había hecho trampa en el examen.

—Mackenzie, eso estuvo muy mal. ¿Lo sabes?

—Sí, señora, lo siento, lo siento mucho.

—Debes disculparte con Trista. Lo lamento, pero tendré que hablar con tus padres de este asunto.

—Lo sé —dijo Mackenzie sabiendo que iba a tener problemas por todos lados.

—Lo lamento, no volverá a pasar, lo prometo.

## Recuerda

*Si ustedes tienen envidias amargas y rivalidades en el corazón, dejen de presumir y de faltar a la verdad. Ésa no es la sabiduría que desciende del cielo.*
Santiago 3:14-15

## MENTIR NUNCA TE PONE PRIMERO.

¡Tú puedes hacerlo!

*Defiende la verdad. Cuestiona la información sobre otras personas que no te parezca que sea cierta.*

# Un cambio de planes

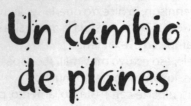

**La diligencia supera las dificultades.**

—¿Cómo te va con el dinero que quieres juntar para el orfanato? —le preguntó la mamá a Joanie unos pocos meses después de que ella hubiera donado cuarenta dólares al orfanato de una misión que recibía el apoyo de su iglesia.

—No muy bien —dijo Joanie—. Nadie parece estar interesado en comprar limonada y galletitas con pedacitos de chocolate. Hoy solo se detuvo un auto a comprar.

—Tienes una limonada grandiosa y las galletitas son muy buenas —dijo la mamá—. Tal vez lo que necesites hacer es volver a pensar en tus planes de venta.

—¿Qué más puedo hacer? —dijo Joanie—. Ya puse carteles en todos los lugares donde me pareció apropiado.

—Quizá tengas que llevar tu limonada y tus galletitas a los clientes en lugar de que los clientes vengan a donde estás tú.

—¿Qué quieres decir? —preguntó Joanie.

—Bueno, hay un campo de *softball* a tres cuadras de aquí. Muchos equipos juegan ahí toda la tarde. Todavía hace calor a esa hora del día ¿Por qué no cargas el carrito rojo de tu hermano con tu nevera portátil y tus galletitas, vas a las graderías y ves si hay alguien interesado?

—¡Qué buena idea! —dijo Joanie.

Una hora después, había hecho una jarra más de limonada y empacado dos docenas de galletitas.

Joanie contó su dinero antes de irse a dormir.

—Vendí toda la limonada y las galletitas. Gané más dinero en una tarde de lo que había ganado desde que empecé. Tengo deseos de que sea mañana. Ya tengo treinta y siete dólares. Mamá... ¡mañana será otro gran día! Gracias por esa gran idea.

—Sabes Joanie —contestó la mamá—, los Lawton, los misioneros del orfanato, tuvieron que ir hasta donde estaban los huérfanos. Eso funciona de la misma forma con todos los servicios, tienes que ir a donde te necesitan, no esperar que los que te necesitan vengan a ti.

## Recuerda

*Ya que empezaron con tanto entusiasmo, llévenlo a feliz término con el mismo ánimo, dando lo que puedan de lo que tengan.*
*2 Corintios 8:11, LBD*

## CONTINÚA TRABAJANDO EN EL PLAN QUE DIOS TE DIO.

### ¡Tú puedes hacerlo!

*Si Dios te da un objetivo, confía en que también te dará un plan para llevarlo a cabo. Pídele que te dé el valor y la perseverancia necesarios para trabajar en ese plan hasta alcanzar el éxito.*

# ¡Mira arriba y hacia afuera!

**Cuando el mundo esté dando vueltas,
¡mira hacia arriba!**

—¿Estás segura que quieres montar en esta vuelta? Janette había estado segura cuando su papá le preguntó, pero ahora que estaba a pasos de la canasta para dos personas de su primera vuelta en la noria de la feria, se preguntaba si había hecho una buena decisión. La noria le había parecido mucho más pequeña cuando ella se paró a la entrada de la feria. Janette estaba agradecida de que su papá estuviera a su lado.

Mientras la noria comenzaba a moverse cada vez más alto, ella comenzó a sentirse más emocionada.

—No creo que nunca antes haya estado más alto en toda mi vida. ¡Mamá y Noah se ven muy pequeños!

Luego, cuando la noria ascendió y las canastas se comenzaron a mover en forma descendente, el estómago de Janette empezó a dar vueltas y pensó que iba a vomitar.

—Ahhh —se quejó ella.

—¿Estás bien? —le preguntó su papá.

—Sí —dijo tragando fuerte.

La noria dio otra vuelta y para sorpresa de Janette se detuvo. Su canasta apenas había comenzado a bajar desde la cima. Se balanceaba muy alto del suelo.

—Estamos bien alto en realidad, papá —dijo apenas con un susurro.

—Ya sé —dijo él—. Es mejor que no mires para abajo. Mira arriba y hacia afuera. Mira las estrellas y las luces de la ciudad en la distancia. ¡Puedes ver el centro de la ciudad! —continuó el papá—. Si tú miras arriba y afuera, no te sentirás mareada ni enferma.

¡La idea del papá dio resultado! Más tarde, cuando la vuelta terminó y ellos comían perros calientes, Janette le comentó a su mamá acerca de mirar arriba y afuera.

—Eso mismo es verdad para todas las cosas en la vida —dijo la mamá—. Si te sientes un poco nerviosa, ¡mira arriba a Dios! ¡Mira el futuro que Él ha planeado delante de ti!

## Recuerda

*Encomienda al SEÑOR tu camino;*
*confía en él, y él actuará.*
*Salmo 37:5*

### SIEMPRE MIRA A DIOS.

*No te sientas desalentada ni temerosa de lo que ves a tu alrededor. Mira a Dios y confía en que Él te guiará. Ora: «Dios, ¡ayúdame! ¡Protégeme! ¡Prepárame para todas las buenas cosas que tienes guardadas para mí!».*

# Cuando se sigue al líder

**No puedo y no iré en contra de mi conciencia para estar a la moda de este año.**

—Mamá, no tengo nada lindo que ponerme para el comienzo de clases este año. ¿Puedo comprar alguna ropa nueva? —preguntó Kristi. Parecía muy ansiosa de comenzar el séptimo grado.

—Miremos qué tienes en tu ropero y qué puedes usar.

—En realidad necesito unos vaqueros nuevos y un par de camisetas. Y necesito zapatos nuevos.

—¡Ajá! —dijo la mamá—. Aquí hay algunos vaqueros del año pasado. ¿Todavía tienen el largo suficiente? Creciste durante el verano.

—Estos estaban de moda el año pasado. No quiero usarlos.

—Solo pruébatelos y veremos. Sí, te quedan un poco cortos. Podemos ir a hacer compras mañana.

Kristi y su mamá fueron al centro comercial, y Kristi encontró los vaqueros que quería.

—Me gustan estos. Son los que todas están usando.

—Puedes probártelos, pero me parece que son de tiro demasiado bajo. A tu papá no le gusta que uses pantalones de tiro tan bajo. Seguro que podemos encontrar algún otro.

—Mamá, esto es lo que todas las niñas están usando, ¡y es séptimo grado!

—Tienes que considerar lo que piensa tu papá. A él le importa tu apariencia y la ropa que usas. Es importante para él, porque tú eres importante para él.

—Ya sé mamá, pero...

—No es fácil ir en contra de la corriente —admitió la mamá—. Pero me parece que otros vaqueros te quedarán mucho mejor. Pruébatelos. Y además... ¿por qué no ser alguien que impone estilos en lugar de ser alguien que sigue la moda?

### Recuerda

*En cuanto a las mujeres, quiero que ellas se vistan*
*decorosamente, con modestia y recato.*
*1 Timoteo 2:9*

## NO SEAS ESCLAVA DE CADA MODA NUEVA.

¡Tú puedes hacerlo!

*Desarrolla tu propio sentido del estilo y la moda. ¡Estarás muy linda con lo que te queda mejor!*

# Los buenos modales son importantes

**La cortesía hace mucho aunque no cuesta nada.**

Como salida especial por su cumpleaños, los padres de Sonia la llevaron a cenar a un restaurante muy lindo. Había manteles blancos, velas, flores y vajilla súper brillante en todas las mesas.

Sonia acomodó la servilleta sobre su falda, imitando el gesto de su mamá y agradeció al camarero que le sirvió un vaso de agua. Cuando hizo su pedido, copió el estilo de su papá.

—¿Me puede traer lasaña y una ensalada verde con aderezo italiano, por favor?

El camarero sonrió y lo anotó.

En una mesa cerca de ellos, Sonia vio una familia con dos niños. El niño estaba derramando sal y pimienta sobre el mantel, y la niña golpeaba el florero, salpicando agua por todos lados.

«¡Niños, pórtense bien!», dijo la madre, pero ellos la pasaron por alto. Solo movió su cabeza en muestra de desaprobación, suspiró, y retomó la conversación con su marido.

Cuando llegó la comida, Sonia y sus padres agradecieron al camarero. El niño de la mesa de al lado, lo llamó a gritos para que rellenara su vaso de refresco.

La familia de Sonia terminó de comer y todos estuvieron de acuerdo en que la comida fue deliciosa. El camarero trajo la cuenta.

—Ha sido un placer servirlos —dijo, mirando por encima del hombro a la otra mesa—. Y lo digo de verdad.

Cuando el camarero se fue, el papá de Sonia le sonrió a su hija.

—Y para mí es un placer tener una hija que tiene tan buenos modales.

—¡Amén! —coincidió la mamá—. ¡Vamos a casa a comer la torta de cumpleaños!

### Recuerda

*Den a todos el debido respeto.*
*1 Pedro 2:17*

## TEN EN CUENTA TUS MODALES.

¡Tú puedes hacerlo!

*Dios tiene modales perfectos. Él no nos alza la voz, ni nos grita, ni nos fuerza a hacer las cosas. Es un placer servirlo.*

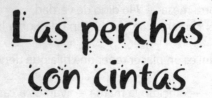

# Las perchas con cintas

**Una hermana es una amiga que nos provee la naturaleza.**

«¡Mamá! ¡Lo hizo otra vez!», se lamentó Trish. «Todavía no he USADO este pantalón y ella ya lo gastó y hasta le rompió el cierre. ¡Pensaba usarlo para una fiesta esta noche!»

La mamá de Trish pareció comprensiva.

«Dolly simplemente no comprende que no quieres que te use tus cosas. Tal vez ella sea de tu talla, pero es más joven y creo que te admira. Quiere que tus amigas la acepten y tal vez piensa que usar tu ropa puede ayudarla en eso».

A Trish no le impactó esto, pero dejó las cosas así.

Dos días más tarde, volvió a pasar lo mismo. Esta vez, la mamá prometió hablar con Dolly.

—Trish, ¿por qué no te gusto? —le preguntó Dolly cuando regresó a su habitación.

—Me gustas, lo que no me gusta es que tratas mis cosas como si te pertenecieran —dijo Trish.

—Lo lamento —susurró Dolly.

De pronto, Dolly pareció muy pequeña sentada en la cama, y Trish comenzó a sentir pena por ella. Después de todo, Dolly era su hermana desde que su mamá se había casado con el papá de Dolly.

Trish fue a su ropero y tomó dos perchas. Les ató unas cintitas rojas alrededor de los ganchos de cada una y las colgó en la mitad del ropero.

—Dolly, esto nos ayudará a que respetemos cada lado del ropero. Yo no usaré nada de tu lado y tú no usarás nada del mío.

—¿Y esas dos perchas con las cintas para que son? —preguntó Dolly.

—Bueno —dijo Trish—, si alguna vez algo de mi mitad está en esta percha, quiere decir que las dos lo podemos usar.

La mamá de Trish escuchó esta nueva regla, y de tanto en tanto, aparecía colgada en alguna de las perchas con cintas, ropa que ninguna de las dos niñas había visto antes.

## Recuerda

*Ámense los unos a los otros con amor fraternal,*
*respetándose y honrándose mutuamente.*
Romanos 12:10

## ACEPTA Y AMA A TU FAMILIA.

¡Tú puedes hacerlo!

*Acepta a los nuevos miembros de la familia tal como son, y aprécialos tanto por sus diferencias como por sus similitudes contigo.*

# Espera la luz verde

**Hacer lo que está bien no es el problema.
El problema es saber lo que está bien.**

Eran las cinco de la mañana. El sol todavía no había salido, pero la familia Taylor ya estaba en camino hacia la casa del abuelo para el Día de Acción de Gracias.

Ronny, su hermano, Zachary, y su hermana, Eve, apenas estaban despiertos en el asiento trasero del auto.

—¿Por qué tenemos que salir tan temprano? —gruñó Ronny.

—Porque tardamos ocho horas en llegar a la casa del abuelo y queremos estar ahí antes de la hora de la cena —dijo su mamá.

—Y no se olviden —dijo el papá— que nosotros llevamos la comida, el abuelo ya no se las arregla tan bien como antes, y desde que la abuela murió el año pasado, necesita que lo ayuden para preparar una reunión como esta.

Las calles estaban solitarias a esas horas de la mañana. A los niños les parecía raro estar solos en esa ruta que siempre habían visto tan concurrida. El papá llegó a un cruce y se detuvo a esperar la luz verde.

—¿Por qué nos detenemos? —preguntó Zachary—. No hay otros autos ni policías. ¿Por qué no seguimos adelante?

—Porque eso sería romper las leyes —dijo el papá—. Las leyes se deben respetar aun cuando nadie nos está observando.

—Las leyes nos protegen —dijo la mamá—. Si pasamos con la luz roja, otro auto podría venir a velocidad por la otra calle, podríamos chocar y alguien podría salir lastimado.

—Siempre debemos hacer lo que está bien, no solo lo que es conveniente —dijo el papá. —De esa manera siempre sabes lo que tienes que hacer.

—De todas maneras, ¿quién quiere tomar decisiones difíciles a las cinco de la mañana? —dijo Ronny, bostezando.

—Yo ya he tomado una decisión fácil —dijo Zachary, recostándose en su asiento—, voy a volver a dormir.

## Recuerda

*Todo el que infrinja uno solo de estos mandamientos, por pequeño que sea, y enseñe a otros a hacer lo mismo, será considerado el más pequeño en el reino de los cielos; pero el que los practique y enseñe será considerado grande en el reino de los cielos.*
Mateo 5:19

## RESPETA LAS LEYES.

### ¡Tú puedes hacerlo!

*Dios quiere que hagamos lo que está bien, y eso incluye respetar las leyes, su ley y la de nuestro país.*

# Malabarismos

**No es suficiente estar ocupados como las hormigas.**
**La pregunta es: ¿En qué estamos ocupados?**

ra importante para Alisha estar siempre dispuesta cuando la necesitaban sus amigos. También quería que su mamá supiera que podía contar con ella para ayudar en las tareas de la casa.

El papá sabía que Alisha siempre estaba contenta de ayudarlo a lavar el auto y ocuparse del jardín.

Alisha era muy buena alumna, pertenecía al Club de Niñas, estaba en el equipo de gimnasia y participaba mucho en el grupo de niños de la iglesia. Al final de una semana en que estuvo especialmente ocupada, Alisha se sentía malhumorada. Le gritó a su hermanito por una tontería, se encerró en su habitación, y se puso a llorar. Se tiró en la cama y se quedó dormida, ¡en la mitad del día! ¡Esto era muy raro en ella! Y cuando se despertó una hora después, no tenía ganas de hacer nada.

Su mamá golpeó con suavidad a la puerta de Alisha. Todavía refunfuñando, Alisha la dejó entrar.

—¿Qué te pasa? —preguntó la mamá.

—Nada —dijo Alisha—. Solo quiero que me dejen sola.

La mamá asintió con sabiduría.

—Estás desequilibrada —le dijo.

Alisha parecía confundida.

—Has estado haciendo demasiado —dijo la mamá—. Estás desgastada. Necesitas un descanso. Tal vez es el momento de que dejes algunas de tus actividades.

Alisha no quería abandonar ninguna de sus actividades, pero reconocía que estaba exhausta.

—Tal vez podría dejar de hacer gimnasia todos los días, o no ir tanto al Club de Niñas o... —rió con nerviosismo—, no ayudar con la cena todas las noches.

La mamá se rió.

—¡Trato hecho! No quiero que te quedes dormida en la mitad de la comida.

—No —dijo Alisha—. ¡No querría perderme el postre!

## Recuerda

*Y todo lo que hagan, de palabra o de obra, háganlo en el nombre del Señor Jesús, dando gracias a Dios el Padre por medio de él.*
*Colosenses 3:17*

## TÓMATE ALGÚN TIEMPO LIBRE.

¡Tú puedes hacerlo!

*Dios tiene mucho trabajo para que hagamos, pero nunca pide que hagamos tanto que nos desgastemos. Podemos estar agradecidos de tener tan buen jefe.*

# Déjalo ir

**Debes elegir perdonar a quien te haya hecho mal. El perdonar no es una emoción, sino una decisión de la voluntad.**

Donna y su hermano Carl disfrutaban mucho ir al campamento de verano de la iglesia. El campamento estaba a ochenta kilómetros de la casa, lo cual los hacía sentir que eran adultos e independientes.

Su mamá les ayudó a armar sus maletas y los llevó en el auto hasta el campamento. Donna saludó a varias de sus amigas mientras entraba al dormitorio de las niñas. Terminó pronto de desempacar y de hacer su cama. Ella y Carl le dieron un abrazo de despedida a su mamá y comenzaron la rutina del campamento.

Una tarde, Donna entró al dormitorio a cambiarse de ropa y encontró una toalla mojada sobre su cama. Parecía de Sheila, quien dormía en la cama de arriba. Donna la colgó del toallero.

Al día siguiente, Donna encontró el traje de baño de Sheila mojado sobre su cama. Donna también lo colgó. Una de las niñas se dio cuenta y le preguntó:

—¿Por qué no le gritas a Sheila? Está desordenando y ensuciando tu cama.

—Está bien —dijo Donna—. Puedo resolverlo.

Donna decidió hablar con Carl.

—Creo que quiere ver cómo reaccionas —dijo Carl—. Oremos por ella y pidámosle a Dios que arregle esto.

Los dos inclinaron sus cabezas.

Al día siguiente, pasó algo inesperado.

—Donna, necesito hablar contigo —dijo Sheila—. Quiero disculparme por dejar cosas mojadas sobre tu cama. Estaba de muy mal humor, y me las tomé contigo.

—¿Te sientes mejor ahora? —preguntó Donna.

—Sí. Anoche, mientras estábamos en el estudio de la Biblia, me di cuenta que Dios quiere que saque todas las cosas malas de mi vida, y dejar que Él se ocupe de todo.

—Esa es una gran idea —le dijo Donna—. Te puedo decir por experiencia propia que dejarlo todo en sus manos da resultados de verdad.

## Recuerda

*El SEÑOR es clemente y compasivo,*
*lento para la ira y grande en amor.*
*Salmo 103:8*

## ORA POR LOS QUE TE HACEN ENOJAR.

¡Tú puedes hacerlo!

*Cuando Jesús estaba clavado en la cruz, podría haber gritado a los que lo pusieron ahí. En cambio, Él dijo: «Padre, perdónalos». De esa manera debes tratar a las personas que te lastiman.*

# Todos ganan

**El orgullo mata el agradecimiento, pero una mente humilde es el suelo en el que las gracias crecen de forma natural.**

ada fin de semana alterno era una lata. Esther, la hermanastra de Alice, venía a visitar a su padre. Lo que hacía las cosas peores era que Esther y Alice eran de la misma edad. Y lo que hacía que las cosas fueran imposibles era que Esther siempre sacaba muy buenas notas y que aunque Alice se esforzaba muchísimo apenas le alcanzaba para aprobar.

Esther era muy buena en la mayoría de las materias, pero Alice también tenía sus talentos. Era un genio en la computadora y excelente en fútbol. Durante la temporada de fútbol, vivía, comía y respiraba fútbol.

Había un problema, y era uno grande. Si Alice no mantenía buenas calificaciones en la escuela, no podía jugar fútbol. Tenía un examen de inglés muy importante la semana próxima y si no lo aprobaba, podía colgar sus botines.

«Alice», le dijo su padre, «tienes que estudiar para tu examen de inglés de la semana que viene. Esther es muy buena en inglés, tal vez ella pueda ayudarte».

Luego salió a buscar a Esther para que pasara el fin de semana con ellos.

Las cosas iban de mal a peor. Alice no quería que Esther supiera que ella necesitaba su ayuda.

Esther y su padre llegaron a la casa para la hora de cenar.

—Alice —preguntó Esther—, ¿cómo te va en la escuela? ¿Jugarás fútbol este año?

—Seguro —contestó Alice, sospechando que sabía algo y se burlaba.

—Yo estoy luchando con mi clase de computación. Realmente no logro entender nada de esa clase —dijo Esther.

Alice tuvo una idea.

—Esther, hagamos un trato, yo te ayudo con computación y tú me ayudas con mi examen de inglés.

—¿En serio? —preguntó Esther—. ¡Vaya! Eso sería genial. Estoy segura que si tú me ayudas por fin podré entenderlo.

Alice estaba impresionada porque Esther necesitaba ayuda. *¡Esto podría resultar para las dos!*, pensó.

### Recuerda

*El orgullo precede a la ruina.*
Proverbios 16:18, LBD

## LA AYUDA SIEMPRE ESTÁ DISPONIBLE.

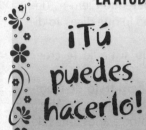

¡Tú puedes hacerlo!

*Si necesitas ayuda, trágate tu orgullo y admite que la necesitas. Entonces, busca la forma la encontrarla.*

# Dejemos trabajar a Dios

**La paciencia es una de las pocas cosas que no puedes aprender con rapidez.**

Los estudiantes escuchaban entusiasmados al reverendo Clem. Era misionero en un grupo de islas del Pacífico Sur, y tenía muchas historias emocionantes que contar acerca de los encuentros con sus habitantes.

—¿Han aceptado muchas personas a Cristo? —preguntó Baylor.

—No conozco a ninguno que lo haya aceptado todavía —contestó el misionero—, pero no me desanimo. Solo he estado ahí cuatro años.

Miró al grupo de estudiantes y se dio cuenta de que muchos pensaban que cuatro años era mucho tiempo y que había fallado como misionero.

—En esa parte del mundo, las personas necesitan aprender a confiar en ti antes de creerte —dijo el reverendo Clem—. Tienen que observar tu vida, y ver si en realidad lo que dices, lo dices en serio.

—¿Pero no es difícil seguir predicando si nadie te cree? —preguntó Jerilyn.

—Sí —contestó el reverendo Clem—, pero trato de recordar las experiencias de otros misioneros. En una iglesia, en África Occidental, un misionero trabajó durante catorce años antes de que alguien aceptara a Cristo. En África Oriental tardaron diez años. En Nueva Zelanda un misionero trabajó durante nueve años hasta que alguien recibiera a Jesús como su Salvador, ¡y en Tahití tomó dieciséis años!

—¡Bueno! —dijo David que estaba sentado en la primera fila—, ¡me imagino que puedo seguir hablándole a Frank de Jesús! ¡Solo le he estado hablando de Cristo por un año!

Todos los estudiantes se rieron, porque todos sabían que Frank era el matón de la escuela.

—La clave —dijo el reverendo Clem—, es que le hables a Frank sobre Jesús, sintiendo amor en tu corazón hacia Frank, y luego vivas lo que dices haciendo cosas buenas para él y tratándolo con respeto.

—El trabajo de misionero es duro —dijo David. Esta vez, nadie se rió.

## Recuerda

*Ustedes también tengan paciencia y manténganse firmes, porque muy pronto volverá el Señor.*
*Santiago 5:8, DHH*

### NO ABANDONES LA ESPERANZA.

¡Tú puedes hacerlo!

*Tu tarea es contarles a las personas acerca de Jesús. Perdonar pecados y salvar almas es tarea de Dios. Confía en que Dios te ayudará a hacer tu tarea... y luego confía en que Dios hará la suya.*

# Ella dijo

**¡Dios está en todos lados! El Dios que forjó a la humanidad para que sea una familia poderosa, nuestro mismo Padre, y el mundo nuestro hogar.**

Erica entró despacio en la cocina. Su madre notó que parecía preocupada.

—¿Erica, anda algo mal?

Erica no contestó. Estaba tratando de descubrir qué podría haber hecho para que Emily se fuera llorando. Samantha y Shay tenían una expresión de extrañeza en sus caras cuando abandonaron el jardín de su casa.

—Mamá, Emily se fue llorando. No sé por qué estaba tan triste. Solo estábamos jugando y conversando...

—¿Sobre qué hablaban? —preguntó su madre.

—Sammy estaba contando que su papá era policía y que encerraba a las personas malas en la cárcel. Shay dijo que su papá era agente de seguros y ordenaba que se les repararan los tejados de la gente cuando granizaba. Yo dije que mi papá subía a los postes de teléfonos. Esperamos que Emily dijera qué hacía su papá, pero comenzó a llorar y corrió a su casa.

La mamá de Erica le sirvió un vaso de jugo y se sentó a la mesa. Erica se sentó a su lado.

—Cariño, el papá de Emily no vive con ella. No sé dónde vive, y Emily no se acuerda de él.

—Ah... —dijo Erica—. Yo no lo sabía.

—Está bien que hables de tu papá —continuó su mamá—. Sin embargo, tienes que ser más considerada con los sentimientos de las otras personas. Es probable que Emily no supiera qué decir, ya que no sabe a qué se dedica su papá.

—Ah... —Erica pensó en eso mientras terminaba su jugo—. Mamá, creo que debería ir a ver a Emily y preguntarle qué hace su mamá y decirle que no importa si su papá no vive con ella porque Dios es su Papá celestial. ¿Está bien?

—Sería bueno que lo hicieras —dijo su mamá—. Iré contigo.

## Recuerda

*Un solo Padre tenemos, y es Dios mismo.*
*Juan 8:41*

## DIOS ES TU PADRE AMOROSO.

**¡Tú puedes hacerlo!**

*Tal vez tengas un padre maravilloso aquí en la tierra, pero piensa que Dios también es tu Padre. Agradécele por hacerte parte de su gran familia.*

# La disculpa

**Una disculpa sincera sana el corazón.**

Mikaila, Ned y tres de sus amigos estaban en los juegos, los cuales estaban justo enfrente de la casa de Mikaila y Ned.

Habían estado jugando a los congelados y habían decidido sentarse a descansar un rato antes de comenzar a jugar a patear la pelota.

Pam una de sus compañeras de clase se acercó con una amiga.

—¿Les pedimos que vengan a jugar a la pelota? —preguntó Ned.

—No —dijo Mikaila—. Pam no es buena jugando a la pelota, en realidad no es buena en ningún deporte.

—Tal vez lo sea su amiga —dijo Jim.

—No parece ser muy atlética —decidió Rachel.

—Y no lleva zapatillas —dijo Otto.

—Sí, ¿y vieron la ropa que usa? —aportó Mikaila con una risita—. No quiero a nadie que se vista así en mi equipo.

Los amigos no se habían dado cuenta de que Pam y su amiga estaban paradas a pocos metros detrás de ellos y habían oído todas sus palabras. La amiga de Pam comenzó a llorar.

—¡Ustedes son muy malos! —les gritó Pam cuando se dieron vuelta para ver quién estaba llorando. Luego pasó su brazo alrededor de los hombros de su amiga y la sacó de allí.

—Vaya, me siento muy mal —suspiró Ned.

—Tú no dijiste nada malvado como nosotros —dijo Otto.

—No, pero tampoco traté de detenerlos —contestó Ned.

—Es mi culpa —dijo Mikaila—. Yo lo comencé.

—Todos somos culpables —dijo Rachel—. Mi mamá se pondría furiosa conmigo si lo supiera.

—Todavía podemos hacer lo bueno —dijo Ned—. Vayamos a disculparnos y a pedirles que jueguen con nosotros.

—¿Y si nos dicen que no? —preguntó Rachel.

—Por lo menos tenemos que tratar de hacer las paces con ellas —dijo Jim.

—¡Ned tiene razón! —dijo Mikaila—. Vayamos y digámosles que no siempre actuamos tan mal como hoy.

*Así dice el Señor Todopoderoso, el Dios de Israel:*
*«Enmienden su conducta y sus acciones».*
*Jeremías 7:3*

## LO QUE DICES ES LO QUE OBTIENES.

¡TÚ puedes hacerlo!

*No es lindo criticar a los otros. Imagínate cómo te sentirías si alguien te criticara a ti. Decir cosas buenas sobre los otros atrae palabras positivas hacia ti.*

# Más para aprender

**¿No es sorprendente que aunque casi todos tengan una opinión que dar sobre la Biblia, muy pocos la hayan estudiado?**

—No sé por qué papá nos hace leer la Biblia y memorizar versículos todas las semanas. Nadie más lo hace en la Escuela Dominical —le dijo Tyrone a su hermana Taylor.

—Por lo menos no todas las semanas —dijo Taylor.

—¡Escuché eso! —dijo el papá mientras entraba a la cocina y se sentaba a la mesa junto a ellos—. ¿Me están diciendo que no saben por qué les hago memorizar los versículos de la Biblia?

—La verdad que no —dijo Tyrone—. Sé que tú piensas que es bueno para mí, pero en realidad no sé por qué es bueno para mí. Tengo tres Biblias que puedo leer.

—Primero —explicó el papá—, cuando seas mayor, verás que recuerdas más lo que has memorizado que lo que haz leído. Yo quiero que memorices la Biblia de la misma manera que has memorizado el Juramento de Lealtad a la Nación. Aunque quizá no recuerdes lo que leíste en tu clase de historia de la semana pasada.

—En eso tienes razón —dijo Taylor.

—Segundo —continuó el papá—, si has memorizado muchos versículos de la Biblia, tendrás una idea mejor de lo que en verdad hay en la Biblia. Te encontrarás con personas que te dirán lo que dice la Biblia, pero que nunca la han leído por ellas mismas, así que no saben en realidad lo que dice. Algunas veces, algunas las personas te dirán que algo está en la Biblia cuando en realidad no lo está, y algunas veces te dirán que algo no está cuando en realidad lo está.

—¿Como qué, por ejemplo? —preguntó Tyrone.

—¿Has escuchado alguna vez el dicho «Una manzana por día mantiene alejado al médico»? —preguntó el papá.

—Seguro, la abuela lo dice siempre.

—¿Está en la Biblia? —preguntó el papá mientras se levantaba y se iba.

—¿Está? —Taylor le preguntó a su hermano mayor.

—Me parece que tenemos que leer y memorizar más —dijo Tyrone.

## Recuerda

*Siempre estoy repitiendo las enseñanzas que nos diste.*
Salmo 119:13, TLA

## APRENDE BIEN LA BIBLIA.

¡Tú puedes hacerlo!

*Si memorizas un versículo de la Biblia todas las semanas, sabrás cientos de ellos cuando seas grande.*

# La decisión de Kammi

**Sé lenta de lengua y rápida de vista.**

Kammi juntó las fotos para el periódico escolar. Ya todos se habían ido, excepto su consejera, la Sra. Compton.

Mientras miraba por la ventana para ver si venía el auto de su tía, vio a su amiga Clarissa en la parte más alejada del estacionamiento de la escuela. En los últimos días, Clarissa había estado actuando de una manera extraña, había estado navegando mucho por Internet y había pasado muchas horas en el cuarto de charla. Clarissa parecía solitaria desde que su mamá había empezado a trabajar de noche.

La semana pasada Clarissa dijo que había conocido a alguien en línea. Su nombre era Franklin, y dijo que sentía que con él podía hablar de cualquier cosa. Sin embargo, cuando Kammi y las otras niñas habían bromeado diciéndole que tenía un novio nuevo, Clarissa, se calló y les dijo que se ocuparan de sus asuntos.

*Es raro*, pensó Kammi, *Clarissa tenía que venir a la reunión del periódico escolar, pero no vino. Y ahora está en el estacionamiento.*

Justo entonces apareció un auto y se detuvo al lado de Clarissa. Un hombre, no un niño, se bajó del lado del conductor y caminó hacia Clarissa. Kammi los vio hablar por unos pocos segundos, al cabo de los cuales el hombre abrió la puerta del auto y Clarissa subió de mala gana.

A Kammi le pareció que algo no andaba bien. ¿Qué debía hacer? ¿Ser una entremetida y una soplona? La mamá de Clarissa se pondría furiosa si llegara a saber que tenía una cita a sus espaldas. Si lo llegaba a decir, podría ser el final de su amistad y en la escuela todos dirían que era una chismosa.

Kammi tomó una rápida decisión.

«Sra. Compton, acabo de ver algo que me parece que está mal».

La rápida acción de Kammi, le salvó la vida a Clarissa. Franklin era buscado por la policía. Cuando tres días después Clarissa volvió a clases, todos sintieron alivio de verla, y Clarissa estaba agradecida de que tuviera una amiga «entremetida».

### Recuerda

*Hay muchas maneras en que Dios puede actuar en nuestras vidas, pero siempre es un mismo Dios el que realiza la obra en nosotros y a través de cada uno de los que somos suyos.*
1 Corintios 12:6, LBD

## ¡Tú puedes hacerlo!

### CUIDA A TUS AMIGOS.

*Ayudar a un amigo a mantenerse a salvo, hace que valga la pena correr el riesgo de que nos llamen entremetidos. Ora por tus amigos todos los días.*

# Grandes amigos en momentos tristes

**Cuando uno tiene una pena que no se la puede contar a nadie en la tierra, debe confiársela a Dios... porque Él puede aliviar nuestro dolor y enseñarnos a soportarlo.**

Molly no estaba bien. Siempre había sido tranquila, pero ahora parecía mantenerse alejada de cualquiera que quisiera incluirla en sus actividades.

—Molly, ¿estás bien? —le preguntó la Sra. Mays, su maestra de segundo grado, cuando las dos se quedaron solas después de clases.

Molly no había salido corriendo a su casa después de la escuela, cuando había terminado la clase como hicieron los otros niños.

—Estoy bien —respondió.

Cuando Molly contestó, la Sra. Mays vio que le temblaba el labio inferior.

—¿Puedo ayudarte? —continuó la Sra. Mays.

—Estoy bien. No necesito ayuda —dijo Molly mientras se dirigía a la puerta del aula.

—¿Te gustaría hablar con la Srta. Sherry? —preguntó la Sra. Mays.

La Srta. Sherry era la consejera escolar.

Eso fue más de lo que Molly podía soportar, y las lágrimas comenzaron a correr. La Sra. Mays la llevó al aula donde pudieron hablar a solas.

—Molly, ¿alguien te está molestando? ¿Está bien tu familia?

Con esto Molly le contó su historia. Sus padres se estaban divorciando. Su papá se había ido de casa y su mamá estaba muy disgustada. Su hermanito lloraba porque extrañaba a su papá.

—Molly, lo siento mucho. Eso es muy triste y difícil. Sé que quieres a tu mamá y a tu papá.

Molly hablaba con la voz entrecortada:

—No quiero que mis padres se peleen. Pero quiero que vivan juntos. ¿Por qué pasó esto? ¿Hice yo algo mal?

La Sra. Mays tomó las manos de Molly.

—Molly, algunas veces los adultos no saben qué hacer para llevarse bien y piensan que es mejor vivir en casas separadas. No hiciste nada malo, querida. Hagamos una cita con la Srta. Sherry para mañana. Puedes contarle todo lo que sientes.

## Recuerda

*El Señor está cerca de los quebrantados de corazón, y salva a los de espíritu abatido.*
*Salmo 34:18*

### SÉ UNA BUENA OIDORA.

¡Tú puedes hacerlo!

*Si tienes un problema que es muy grande para manejarlo tú sola, cuéntaselo a un adulto en el que puedas confiar. Si conoces a alguien que tiene un problema grande, anímala a que busque ayuda de alguien en quien confíe.*

# El tiempo para perdonar

**Cuando perdonas, no cambias el pasado, pero de seguro cambias el futuro.**

Sherrie se sentía herida porque LeeAnn había invitado a un grupo de niñas para ir al cine con su mamá, pero no la había invitado a ella.

—¡Pensé que éramos amigas! —le dijo Sherrie a su tía Tandy—. ¡LeeAnn invitó a cinco niñas! Ninguna de ellas la ayuda con sus tareas ni la cubren cuando no quiere que su mamá sepa qué está pasando.

—Ya veo —dijo la tía Tandy—. El problema es que tú sabes demasiado. Es posible que LeeAnn no quiera que abras la boca y su mamá se entere de algo que no quiere que sepa.

—De todas formas... — dijo Sherrie disgustada—. No voy a ser más su amiga.

—No —dijo la tía Tandy—. Ahora es el momento para que seas la mejor amiga que LeeAnn haya tenido. ¿Sabes lo que hace una buena amiga?

—¿Qué?

—Lo primero que hace es negarse a mentir, engañar o cubrir. Llegó el momento en que LeeAnn haga su propia tarea y enfrente las consecuencias de su comportamiento. Y hay una segunda cosa.

—¿Cuál?

—Quien en verdad es un gran amigo, perdona.

—Pero LeeAnn no merece mi perdón —dijo Sherrie—. Y tampoco lo ha pedido.

—No, pero Sherrie, realmente, nadie merece el perdón. Y no, quizá LeeAnn no te pida perdón. Con todo, el perdón no se trata de eso. Perdonar es poner a una persona en las manos de Dios, y decirle a Dios: "Toma, trata tú con ella. Por favor, ayúdame a pasar por esto, y a continuar con mi vida".

—Eso parece difícil de hacer —dijo Sherrie.

—Pero es lo que hay que hacer —contestó la tía Tandy—. Ahora, ¿qué te parece si vamos al cine y a cenar? Salida de mujeres, solo tú y yo.

## Recuerda

*Perdónense, así como el Señor los ha*
*perdonado a ustedes.*
*Colonenses 3:13, TLA*

## PERDONEN SIN ESPERAR NADA A CAMBIO.

### ¡Tú puedes hacerlo!

*Uno de los mejores regalos que puedes darle a una persona es el perdón. ¿Hay alguien a quien tengas que perdonar hoy?*

# Una camisa más

**Cuando llegas al final de tu soga,
haz un nudo y agárrate.**

—No sé por qué habrán hecho las camisas de puro algodón. Son imposibles de planchar —se quejó Camilla.

—No sé por qué habrán hecho cualquier cosa que tenga que plancharse —se unió a la queja su hermana Carita.

Las dos niñas estaban ayudando a su mamá en la iglesia. Dos familias habían enviado tres cajas grandes con ropa de un abuelo que había fallecido. En las cajas había muchas camisas, muchas de ellas casi nuevas. De todas maneras, todas las camisas tenían que ser planchadas antes de que se pusieran a la venta en la tienda de segunda mano de la iglesia. Como Camilla y Carita habían aprendido a planchar desde niñas, ayudaban a su mamá en su trabajo voluntario con eso, mientras ella se ocupaba de elegir las camisas, coser los botones que estaban flojos y de las ocasionales manchitas que pudieran tener.

—Solamente faltan siete camisas más —dijo la mamá.

—Creo que no puedo planchar ni una más, mamá —dijo Camilla—. Estoy tan cansada de planchar que parece que voy a caerme.

—Y yo también —dijo Carita.

—Puedo seguir planchando en esta tercer tabla —dijo la mamá—, las ayudaré. Planchemos estas últimas camisas como si fueran las que tiene que usar Jesús en una semana.

Las dos niñas y su mamá hablaron sin parar, imaginándose a dónde usaría Jesús cada camisa que estaban planchando... y antes de que se dieran cuenta, el trabajo estuvo terminado.

—Estas últimas camisas fueron las más divertidas para planchar —dijo Carita.

—Estoy de acuerdo —dijo Camilla—. ¡Pero estoy contenta que no nos pidieran que planchemos las camisas que Jesús tiene que usar en un mes!

### Recuerda

*No seas perezoso en el trabajo;*
*sirve al Señor con entusiasmo.*
*Romanos 12:11, LBD*

### PERSEVERA EN TODOS TUS TRABAJOS HASTA QUE ESTÉN TERMINADOS.

## ¡Tú puedes hacerlo!

*Pídele a Dios que te ayude a terminar cada trabajo que comienzas. Pídele que te ayude a hacer un buen trabajo hasta que lo termines.*

# Planifiquemos por adelantado

**Suficientemente bueno nunca es suficiente.**

Los mellizos Benjamín y Brittany vivían en una granja y criaban animales que exponían en las ferias del condado.

Un día el papá de los mellizos decidió darles un trabajo que nunca antes habían hecho solos.

«Chicos, quiero que sieguen el campo grande de alfalfa, que la enfarden y la acomoden en el granero antes de las primeras nevadas. Pueden hacerlo al ritmo que les convenga, pero asegúrense de que esté listo antes de que llegue la nieve. De otra manera, sus animales no tendrán alimento este invierno».

Los mellizos calcularon que la primera nevada tardaría por lo menos un mes en llegar.

Durante la primera semana, hicieron casi todo el trabajo de segar. Solo les faltaba un poco aquí y allá. *Eso no significaría mucha cantidad de heno,* pensaron. En la segunda semana, terminaron de segar y comenzaron a enfardar la alfalfa. El trabajo les tomó más tiempo del que tanto Benjamín como Brittany habían pensado, así que decidieron pasar la enfardadora un poco más rápido por el campo. Empezaron a perder un montón de heno y los cables que sostenían los fardos estaban flojos.

Luego con la escuela y otras actividades comenzaron a acortar su tiempo de trabajo y dos semanas más tarde, cuando la primera nevada estaba en camino, aún había fardos en el campo.

El papá y el tío Charles tuvieron que ayudarlos a almacenar los fardos en lo alto del granero.

Cuando terminaron a la media noche, el papá les dijo:

«Niños, me temo que su trabajo "casi suficientemente bueno", no fue suficiente. No creo que tengan tanto heno como el que van a necesitar. Deberían empezar a pensar cómo van a conseguir el dinero para comprar el heno cuando se les acabe durante el invierno».

Eso no era lo que Benjanín y Brittany querían escuchar... pero sabían que el papá tenía razón.

### Recuerda

*Las hormigas, animalitos de escasas fuerzas, pero que almacenan su comida en el verano.*
*Proverbios 30:25*

## UN TRABAJO QUE VALE LA PENA HACER, VALE LA PENA HACERLO BIEN.

¡Tú puedes hacerlo!

Ve un poco más lento con ese trabajo que preferirías no hacer; hazlo bien desde el principio, así no tendrás que hacerlo todo otra vez.

# Una nueva perspectiva

**El prejuicio es el hijo de la ignorancia.**

Desde que Janine tenía memoria, las vías del tren dividían la ciudad en dos grandes vecindarios, no por diseño previo, sino que se transformó de esa manera. La gente pobre vivía a un lado de las vías. Muchos habían venido a vivir a la cuidad durante la sequía conocida como «cuenca de polvo».

Los comerciantes y granjeros que les daban empleo vivían del otro lado de las vías. Ellos tenían más dinero y casas más lindas.

Janine vivía en el «lado bueno» de las vías, y los niños del vecindario llamaban a la gente del otro lado los «Okies» porque venían de Oklahoma.

—No puedes ir con ella a la fiesta —le dijo Janine a su hermano mayor Tim.

—¿Por qué no? —preguntó Tim—. Ella es la niña más bonita de la clase. Y también una de las más inteligentes.

—Sí, pero es una Okie —dijo Janine.

—¿Y eso qué significa? —preguntó Tim.

—Bueno, que su familia no tiene tanto dinero como nosotros —dijo Janine.

—Va a nuestra iglesia —dijo Tim—. Y su madre compra en el mismo supermercado que nosotros, y su padre echa gasolina en la misma gasolinera que nosotros.

—Pero vive del otro lado de las vías —dijo Janine.

—Escucha, Janine —dijo finalmente Tim—, me gusta Connie. Su gente ha pasado por tiempos difíciles, pero son buenas personas y están trabajando duro para tener una vida mejor. Connie es linda y divertida. En lo que a mí concierne, Okie quiere decir «*Outstanding Kid in Everything*» [Niña que se destaca en todo].

—¿Pero qué dirá la gente? —preguntó Janine.

—Solo importa lo que Dios dice —contestó Tim con una sonrisa—. Y a propósito, Connie tiene un hermano muy buen mozo.

## Recuerda

*En esta nueva naturaleza no hay griego ni judío,*
*circunciso ni incircunciso, culto ni inculto, esclavo ni*
*libre, sino que Cristo es todo y está en todos.*
*Colosenses 3:11*

### DIOS AMA A TODOS SUS HIJOS.

¡Tú puedes hacerlo!

*Dios ama a las personas de todas las razas y naciones, y nosotros tenemos que amarlas también.*

# Nunca sola

**Debes preocuparte cuando la pared de
tu vecino está en llamas.**

Ginny era una estudiante brillante y tenía muchas amigas.
Ella y su familia eran nuevas en la ciudad, pero parecían ha-
berse adaptado con rapidez.

A pesar de que el rendimiento de Ginny era bueno, sus
maestros estaban un poco preocupados por ella. Su ropa a veces
necesitaba ser lavada. Su papá siempre iba a las reuniones de padres, de modo que no parecía que hubiera problemas en casa...
¿o los había? Aunque vivían cerca de la escuela, Ginny nunca in-
vitaba amigas a su casa.

Un día Ginny faltó a un ensayo importante de la obra de
teatro de la escuela. Eso no era propio de ella, tenía uno de los
papeles principales.

Volviendo de la escuela, Kara y Colleen pensaron que irían a
ver si Ginny estaba bien. Llamaron a la puerta, pero nadie contestó. Las persianas estaban cerradas. Ellas podían escuchar la
televisión y el sonido del timbre de la puerta. Pronto Ginny abrió
la puerta.

—Mi mamá está enferma hoy, por eso me quedé —le dijo a
las niñas.

—¿Hay algo que podamos hacer? —preguntaron.

Ginny parecía que iba a comenzar a llorar.

—Mi papá dice que mi mamá bebe demasiado. Es por eso que no puedo invitar a nadie a casa. Por favor, no se lo digan a nadie.

Kara y Collen sabían que tenían que ayudar.

—¿Podemos contarle a la Srta. Georgia nuestra consejera de la escuela? Ella puede ayudarte.

—Yo fui a hablar con ella cuando mis padres se divorciaron. Yo estaba muy asustada. Pero la Srta. Georgia fue maravillosa, ella me ayudó mucho —dijo Kara.

—No sabía que tenías problemas, creía que yo era la única que los tenía —dijo Ginny—. ¿Crees que me puede ayudar?

—Iré contigo a ver a la Srta. Georgia —dijo Colleen—, no tienes que tener miedo.

—Estoy contenta de que ustedes se preocupen por mí —dijo Ginny—. Las veo mañana en la escuela.

### Recuerda

*Yo soy pobre y estoy necesitado; ¡ven pronto a mí,*
*oh Dios! Tú eres mi socorro y mi libertador;*
*¡no te demores, Señor!*
*Salmo 70:5*

## PIDE AYUDA CUANDO LA NECESITAS.

### ¡Tú puedes hacerlo!

*¿Estás luchando con algún problema que es mayor que tú? Pídele ayuda a alguien en quien confíes.*

# No pasar

**Salir de un problema no siempre es tan sencillo como
meterse en él.**

El depósito en las afueras de la ciudad había estado cerrado
por años. Había candados en todas sus puertas y carteles de
«No Pasar» por todos lados.

Jackson y Amber pasaban por ahí todos los días en su camino a la escuela. Jackson y su hermana eran nuevos en la ciudad.
Se habían mudado a principios de agosto. Ansiosos de que los
aceptaran, estuvieron muy contentos cuando K.J., uno de los niños de la clase de Jackson, los invitó a volver de la escuela caminando con él y unos amigos.

Cuando se acercaron al depósito, K.J. dijo:

—Sé cómo hacer para entrar ahí. Vayamos a probar.

—Sí, hagámoslo —dijo Terese.

—Pero tiene carteles de «No Pasar» —protestó Amber.

—Tienes miedo, ¿no es cierto? —se burló de ella uno de los
niños.

—Estaríamos haciendo algo en contra de la ley —dijo Jackson,
defendiendo a su hermana.

—No hay vigilantes cerca —dijo Bobby—. Nadie lo sabrá.

—Todos nosotros sabremos que hicimos algo mal —dijo
Amber.

—Yo voy a entrar —dijo K.J.—. ¿Viene alguien más?

—Seguro, no tengo miedo —dijo Bobby haciéndole una mueca a Amber.

Todos menos Jackson y Amber entraron con él.

Unos momentos más tarde sonaron las alarmas. Jackson y Amber vieron cómo los guardias de seguridad que patrullaban la zona escoltaban a cinco niños asustados para que salieran del edificio.

—¡No! ¡No llamen a mis padres! —escucharon llorar a Terese.

—Estoy contenta que no entramos ahí —dijo Amber mientras se dirigían a su casa.

—Yo también —dijo Jackson—. Quiero hacer amigos, pero no del tipo que nos meterá en problemas.

## Recuerda

*El que se llame cristiano debe apartarse del mal.*
*2 Timoteo 2:19, LBD*

## ALÉJATE DE LOS PROBLEMAS.

**¡Tú puedes hacerlo!**

Como cristiano, Dios quiere que seas un buen ejemplo para otras personas. Puedes ser un líder. Puedes defender lo que está bien, no importa la edad que tengas.

# Cumplamos las promesas

**Evita el apuro de último momento para hacer las cosas.**

La habitación de Saundra era un desastre. La cama no estaba tendida. Los libros estaban en cualquier lugar menos en los estantes. Juguetes, juegos y muñecas cubrían casi cada centímetro del suelo. Ropas y zapatos parecían haber olvidado que pertenecían al armario; estaban tirados en sillas y hasta debajo de la cama.

¡Qué desorden!

Era sábado por la mañana y Saundra se había puesto de acuerdo para ir a la casa de una amiga a mirar películas y almorzar. Más tarde, la mamá de su amiga las llevaría a la piscina. El sueño de Saundra era algún día ser nadadora olímpica. Y necesitaba practicar todo lo que fuera posible.

—¿Adónde crees que vas? —preguntó la mamá de Saundra al ver a su hija dirigirse a la puerta de calle.

—A la casa de Micki —dijo—. Le dije que iría.

—¿Limpiaste tu habitación? —preguntó la mamá.

Saundra puso sus ojos en blanco y suspiró.

—Lo haré más tarde, mamá, ¿está bien?

En ese momento, Cloudy, el cocker spaniel entró trotando a la habitación y saltó sobre Saundra.

—¿Recuerdas nuestro acuerdo? —preguntó la mamá—. Nos suplicaste a papá y a mí poder tener un perro, y estuviste de acuerdo en mantener tu habitación limpia si te permitíamos tener uno.

Saundra miró a su adorable cachorro a los ojos.

—Creo que él también necesita que lo saquen a caminar —dijo la mamá.

Saundra guardó silencio por un momento mientras pensaba en su promesa.

—Llamaré a Micki para decirle que iré un poco más tarde —dijo—. Limpiaré mi habitación tan pronto como Cloudy y yo regresemos de nuestro paseo. ¿Está bien, mamá?

—Está bien — sonrió su mamá.

Saundra estaba madurando.

### Recuerda

*El que recibe un encargo debe demostrar*
*que es digno de confianza.*
*1 Corintios 4:2, DHH*

## HAZ LO QUE DICES QUE HARÁS.

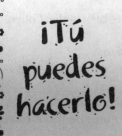

### ¡Tú puedes hacerlo!

*Dios siempre cumple sus promesas. Como sus hijos, deberíamos ser como Él en todas las cosas. Eso también significa que debemos cumplir nuestras promesas.*

# ¡Las apariencias son solo eso!

**Desde entonces, en la naturaleza de las cosas, [el lobezno] poseería una permanente desconfianza por las apariencias. Tendría que aprender la realidad de una cosa antes de que pudiera poner su fe en ella.**

Collyn y Shelby estaban en la misma clase. Collyn admiraba a Shelby. Siempre tenía las mejores calificaciones en la escuela. Podía leer sin que se le escapara ninguna palabra. Sus pruebas de matemáticas estaban siempre perfectas. Y además... ¡era bonita!

Collyn deseaba ser tan lista como Shelby, entonces la vida sería perfecta. Collyn no era una gran estudiante. Detestaba leer en voz alta o hablar delante de la clase.

En un día lluvioso al final del semestre, Collyn y Shelby estaban afuera esperando el autobús. Llevaban su boletín de calificaciones y Shelby parecía asustada. Collyn no podía imaginarse lo que podría estar mal.

—Shelby, ¿estás bien? No pareces sentirte bien —dijo Collyn.

—Ah, estaré bien... creo —contestó.

—No estoy muy segura —continuó Collyn.

—Bueno, son mis notas. Tengo una C en geografía —admitió Shelby al fin.

—¡Vaya! Siempre sacas A. Yo siempre saco C y me da mucho trabajo aprender cómo se deletrean los nombres de todos esos países. Pero tú eres muy lista. Creo que es natural que tengas buenas notas —dijo Collyn.

—¡Ojalá! —dijo Shelby—. Mi papá no me deja hacer nada hasta que no termino mi tarea. También tengo que estudiar para adelantar el tema siguiente. Yo he estado estudiando, pero él se va a enojar igual, creo que necesito un tutor, pero no sé si podemos pagarlo.

—Shelby, lo siento, yo solo pensé...

—Está bien. Todos creen que mis notas vienen con facilidad. Me imagino que sea porque trato de no quejarme. Solo estaba desilusionada con mi nota. Hasta luego —la saludó y se subió al autobús.

*Me imagino que no todo es siempre como uno lo ve*, pensó Collyn.

## Recuerda

*Den gracias al Señor, porque él es bueno; su gran amor perdura para siempre.*
*Salmo 107:1*

### LAS COSAS NO SIEMPRE SON LO QUE PARECEN.

¡TÚ puedes hacerlo!

*Da gracias al Señor por hacerte como eres. Él te ha hecho con exactitud de acuerdo a su perfecto plan.*

# Las amigas de patinaje

**Los deportes no construyen el carácter, lo revelan.**

Todas las niñas llevaban sus patines en línea, sus cascos, coderas y rodilleras al club de niñas. Esa tarde iban al River Parks a patinar.

Carlie no tenía experiencia en patinaje en línea. Le acababan de regalar un par de patines por su cumpleaños dos semanas atrás.

—Tengan cuidado a donde vayan, niñas —les dijo su líder, la Sra. Vance—. Las veo de regreso aquí en una hora.

—He hecho este camino una docena de veces —dijo Patricia, la amiga de Carlie—, lo conozco bien.

Y con eso, las niñas se fueron.

—¡Mira esto! —gritó Patricia mientras tomaba una de las rampas del sendero.

—¡Qué buena eres Patricia!

—Tú estás yendo muy lento. Voy a alcanzar a la líder —dijo Patricia mientras se abría paso zigzagueando entre las patinadoras, algo que sabía que no debía hacer. Pero Patricia era la mejor patinadora del club de niñas. Podía detenerse de pronto si lo necesitaba.

—Me acerco por su izquierda —le avisó al grupo de niñas mientras las pasaba. Se dio vuelta para saludarlas mientras se alejaba veloz.

—¡Cuidado! —le gritaron las niñas.

Lo que Patricia no había visto era a un grupo de ciclistas que venían subiendo la colina en dirección contraria. Chocaron de frente. Había bicicletas y patines por todos lados.

—¡Oye, ten más cuidado la próxima vez! —gritó uno de los ciclistas.

—Lo siento, lo siento —gritó Patricia mientras se levantaba del amontonamiento de niñas caídas.

—¡Te estabas exhibiendo! —le gritó uno de los ciclistas.

Para ese entonces, Carlie la había alcanzado.

—Patricia, ¿estás bien?

—Sí, pero a duras penas —dijo Patricia—. Tengo que mirar por donde voy en lugar de esperar que los demás me miren a mí.

### Recuerda

*Así que tengan cuidado de su manera de vivir.*
*No vivan como necios sino como sabios.*
*Efesios 5:15*

## EL COMPORTAMIENTO DESCUIDADO PROVOCA LESIONES.

¡Tú puedes hacerlo!

*Obedece las reglas de seguridad vial. Están para protegerte a ti y a los demás.*

# Honra a tus padres

**Aquel que dice lo que quiere,
a menudo escucha lo que no quiere.**

Mishi, Nia y su papá estaban invitados a la casa de Micah para una comida al aire libre el Día de la Independencia. Invitaron a unas diez familias a disfrutar del sol, la piscina y una buena comida.

Por la tarde, algunos de los papás jugaban a las herraduras, los niños jugaban a tocar y parar y las mamás se aseguraban de que no faltara comida y bebida.

Micah, que después de jugar estaba acalorado y sudado, llegó corriendo a toda velocidad hasta donde se encontraba su mamá y le pidió un helado.

—Un momentito —dijo su mamá—, tengo que terminar de servir esta ensalada.

—¡Ahora! —demandó Micah—. ¡Yo quiero un helado ahora, no más tarde!

—Baja la voz —dijo su mamá.

—¡No! —gritó Micah, dando una patada en el piso con su pie—. ¡Dámelo ahora!

La mamá de Micah lo miró y le dijo que entrara con ella a la casa. Regresó unos minutos después y dijo que su hijo permanecería un rato en su habitación.

Un par de horas más tarde, mientras volvían a casa en el auto, Mishi y Nia le contaron a su papá lo que había pasado.

—El pobre Micah se perdió el resto de la fiesta —dijo Mishi.

—Me parece que solo debería haberlo regañado —exclamó Nia.

—O haberle dado el helado —dijo Mishi.

—¿Te parece que Micah merecía el helado? —preguntó el papá—. A mí me pareció que estaba siendo muy irrespetuoso.

—¡Pero si era una fiesta! —dijo Mishi—. Y él tenía calor.

—Eso no le da ningún derecho para ser irrespetuoso o grosero —dijo el papá—. Siempre debes ser cortés con otras personas y en especial con tus padres. Si no puedes respetar a las personas más importantes en tu vida, nunca aprenderás a respetar a los extraños. Y créeme, mostrar respeto te hará mucho más popular que ser grosero.

—Y pasarás mucho menos tiempo en tu habitación —dijo Nia.

*Honra a tu padre y a tu madre, como el Señor tu Dios te lo ha ordenado, para que disfrutes de una larga vida y te vaya bien en la tierra que te da el Señor tu Dios.*
*Deuteronomio 5:16*

## EL RESPETO TRAE CONSIGO RECOMPENSAS GENIALES.

*¿Cuándo es el mejor momento para honrar a tus padres y mostrarles el debido respeto? ¡Siempre! No existe el momento en que no debas tratar a tus padres de la forma que Dios quiere que los trates. ¡Sé respetuosa!*

# Hagamos lo que es bueno

**Amigas, si somos honradas con nosotras mismas, seremos honradas con los demás.**

Cuando Katie vio el collar, supo que tenía que tenerlo. Haría juego con la blusa que su mamá le había comprado. Al mirar su billetera comprendió que no tenía suficiente dinero para comprarlo.

—Solo tómalo —le susurró su amiga Tisha—. No es muy caro, no dañará a la tienda si tomas un collar pequeño.

Katie lo pensó y recordó lo que su mamá había dicho acerca de hurtar en las tiendas, que eso era un delito y que provocaba que las tiendas subieran los precios de la mercadería. Y recordó un sermón que había dado su pastor, él había predicado acerca de «hacer lo bueno y no lo que nos es placentero». Ella decidió que no lo haría.

—Robar está mal —dijo—. Mi mamá dice que no importa si tomas un paquete de chicle o un auto. Tomar algo que no te pertenece es robar. Esa es la manera en que lo ve Dios.

—Pero ese collar es perfecto para ti —insistió Tisha—. Deberías tenerlo.

—Está bien —dijo Katie—. No me sentiría bien al usarlo si tuviera que hacer algo malo para tenerlo. De todas formas, mi cumpleaños es el mes que viene. Tal vez si le digo a mi mamá que me gusta, ella me lo regale.

—Me parece que tienes razón —dijo Tisha al ver pasar al guardia de seguridad—. Me imagino que no vale la pena meterse en problemas.

—No, no es eso —dijo Katie—, no es solo para evitar problemas. Es hacer lo que está bien.

—Eso me suena bien —dijo Tisha—. Vamos a tomar un helado, ¡yo pago!

## Recuerda

*Así que tengan cuidado de su manera de vivir. No vivan como necios sino como sabios.*
*Efesios 5:15*

## PIENSA ANTES DE HACER ALGO.

¡Tú puedes hacerlo!

Cuando la Biblia dice que algo está mal, como robar, ¡está mal! No permitas que tus amigas te convenzan de hacer algo que sabes que está mal.

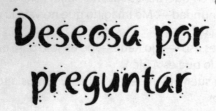

# Deseosa por preguntar

**Una de las partes más importantes de la sabiduría económica es saber lo que no sabes.**

—¿Qué tenemos aquí? —preguntó la bisabuela mientras Kaylee le mostraba un videojuego de mano.

—Un juego, abuelita —dijo Kaylee—. Es mi preferido.

—¿Pueden jugar dos personas? —preguntó la abuelita.

—No, solo una —dijo Kaylee.

—Ya veo —dijo la abuelita—. ¿Te parece que es un juego que yo podría aprender?

—Es divertido, me parece que te gustaría jugarlo —dijo Kaylee.

—¿Me muestras cómo? —preguntó la abuelita.

Kaylee enseguida dijo que sí y comenzó a mostrarle a su bisabuela los botones que tenía que apretar.

La mamá de Kaylee y su tía abuela Lottie secaban los platos en la cocina y escuchaban cómo la abuelita y Kaylee se reían y hablaban en el comedor. La tía abuela Lottie era la hermana mayor de la abuelita.

—Ella ha sido así toda su vida —dijo Lottie—. Me parece que ese es el secreto del porqué siempre tiene un tema nuevo para conversar y que la quieran tanto las personas de todas las edades.

—¿De qué secreto estás hablando? —preguntó la mamá de Kaylee.

—Desde que era muy pequeña, mi hermana nunca tuvo miedo a hacer preguntas. Todo le daba curiosidad —dijo Lottie—. Preguntaba a las personas cuántos años tenían, dónde vivían, a qué se dedicaban, todo, pregunta tras pregunta.

—Muchos niños hacen preguntas —dijo la mamá.

—Sí —dijo Lottie—, pero la diferencia entre muchos niños y mi hermana es que ella se queda para escuchar la respuesta. Si no entiende la respuesta, vuelve a preguntar y de nuevo espera la respuesta.

Lottie continuó:

—Una vez le dije: "¿No sabes ya lo suficiente para el resto de tu vida?". Y ella me dijo: "No sé si ya sé lo suficiente. Yo no sé todo". Siempre pensé que esa es una de las cosas más ingeniosas que he oído decir, y la dijo mi hermana de ochenta y nueve años.

## Recuerda

*Estima a la sabiduría, y ella te exaltará;*
*abrázala, y ella te honrará.*
*Proverbios 4:8*

## LA SABIDURÍA ES CONSEGUIR LAS RESPUESTAS DE DIOS.

¡Tú puedes hacerlo!

*Seis de las mejores preguntas que puedes hacer son: ¿Quién? ¿Qué? ¿Cuándo? ¿Dónde? ¿Por qué? ¿Cómo? No las hagas solamente, escucha sus respuestas.*

# Canta con alegría

**Muchos desarrollan todos sus talentos excepto el más importante de todos... la fuerza de voluntad.**

—¿Se divirtieron en el coro esta noche? —preguntó la mamá mientras Helene y su amiga Olivia se sentaban en el asiento de atrás del auto.

—¡Estuvo genial! —dijo Helene—. Aprendimos una canción nueva que tiene movimientos de manos. Es divertida cantarla, pero tengo que practicar. Siempre me equivoco.

La mamá sonrió. A Helene le encantaba cantar... pero no siempre era afinada. Le gustaba bailar... pero no tenía mucha coordinación. Sobre todo, Helene amaba al Señor y le encantaba cantar en el coro. La mamá sabía que Helene practicaría con ella todas las noches desde ese día hasta el domingo en la mañana, y que para el domingo, lo haría bien. Lo que a Helene le faltaba de talento, lo suplía con su fuerza de voluntad y entusiasmo.

Olivia se sentó en silencio mientras Helene comenzaba a cantar la nueva canción para su mamá. *Qué contraste*, pensó la mamá. Olivia tenía un gran talento musical, una hermosa voz y muy buen sentido del ritmo. La mamá sabía que Olivia tampoco tendría dificultad en aprender los movimientos de las manos. Aun así, a Olivia no le entusiasmaba la música, ni deseaba practicar, mucho menos actuar.

—Olivia, ¿qué te parece la canción nueva? —preguntó la mamá.

—Es buena —Olivia se encogió de hombros—. Me parece que no voy a ir a la iglesia este domingo. Mi mamá me dijo que podía quedarme en casa y recuperar un poco de sueño.

—¡No, tienes que cantar! —dijo Helene—. Puedes ver ese vídeo viejo que quieres ver en otro momento.

*Ajá... se conoce la verdad,* pensó la mamá.

—Todos tenemos que hacer elecciones, Olivia. Tenemos que asegurarnos de hacer la elección adecuada cuando se refiere a usar nuestros talentos para agradar a Dios.

## Recuerda

*Nadie enciende una lámpara para meterla debajo de un cajón. Todo lo contrario: la pone en un lugar alto para que alumbre a todos los que están en la casa.*
*Mateo 5:15, TLA*

## USA LOS TALENTOS QUE DIOS TE DIO.

## ¡Tú puedes hacerlo!

*Todas las personas son buenas en algo. Descubre en qué eres buena, y desarrolla esa habilidad. Practica ese talento y úsalo como bendición para otras personas.*

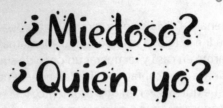

# ¿Miedoso?
# ¿Quién, yo?

**La fe no es solo aferrarte a Dios;
es Dios aferrándose a ti.**

Nora estaba temblando cuando bajó del auto. En su última visita al dentista, el Dr. Olson había encontrado una pequeña caries en uno de sus dientes. Hoy se la iba a arreglar.

—Mamá, estoy asustada —dijo Nora mientras se sentaban en la sala de espera. Estaba tiritando.

—No hay nada de qué temer —dijo la mamá—. Esto solo tomará unos pocos minutos.

—A mi amiga Beth le arreglaron una, y me contó que fue horrible.

La mamá de Nora le tomó la mano.

—¿Recuerdas que le tenías miedo al agua antes de aprender a nadar? Era porque no sabías lo que iría a pasar. ¿Recuerdas que oramos antes de que tomaras tu primera clase de natación?

—Sí —dijo Nora—. Todo salió bien porque tenía una buena maestra que era muy simpática.

—Te gusta el Dr. Olson, ¿no es así?

—Sí. Él siempre me dice "Nora de Bora Bora". Me hace reír.

—Tengo una idea —dijo la mamá.

—Oremos ahora y pidámosle a Dios que te quite el miedo. Inclinaron sus cabezas mientras la mamá de Nora oraba.

Treinta minutos después, Nora entró, le arreglaron su caries y regresó a encontrarse con su mamá.

—¿Cómo te fue? —preguntó la mamá.

—Muy bien —dijo Nora feliz—. Me puso anestesia y no sentí nada. El Dr. Olson cantaba una cancioncita mientras trabajaba y terminó antes de que me diera cuenta.

—¿Entonces la oración dio resultado? —preguntó la mamá.

—Sí —asintió Nora—. Y fue bueno saber que Dios estaba ahí conmigo todo el tiempo.

## Recuerda

*El Señor es mi luz y mi salvación;*
*¿a quién temeré?*
*Salmo 27:1*

## NO TEMAS, DIOS ESTÁ AQUÍ.

# ¡Tú puedes hacerlo!

*Ir al médico o al dentista no tiene por qué darte miedo. Dios siempre va a ir contigo. Solo pídele que sostenga tu mano. Él puede quitarte el miedo.*

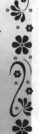

# Habla de tu fe

**La iglesia existe para el bien de los que
están fuera de ella.**

«Una vez que te conviertes en cristiano», dijo la maestra de la Escuela Dominical, «es muy importante que le cuentes esto a otras personas. La Biblia nos dice que debemos contarles las buenas nuevas a otros».

Evan y Celia, quienes hacía varios meses eran cristianos, les contaron a su familia y amigos que le habían pedido a Jesús que entrara en sus corazones. Sin embargo, dos de sus amigos no se interesaron Jerry y su hermana, Ruby.

—No queremos que nos hablen de religión. Vayamos a jugar al juego de la herradura.

Evan y Celia no volvieron a mencionar a Dios a Jerry y Ruby, pero se sintieron tristes porque querían a Jerry y Ruby y deseaban asegurarse de que algún día todos se reunieran en el cielo.

Evan decidió ser valiente e invitó a sus dos amigos al picnic de la Escuela Dominical.

—De ninguna manera, nada de iglesia —dijo Jerry.

—Jugaremos a las herraduras —dijo Celia.

—¿Herraduras? —Jerry se animó—. Bueno... tal vez podríamos ir.

Los cuatro amigos fueron juntos y disfrutaron de la comida y los juegos. Al final del día, Ruby dijo:

—No pensaba que "la gente de la iglesia" me agradaría, pero no está tan mal.

—Sí, y nadie trató de forzarme a ser salvo —se rió Jerry.

—Nosotros no hacemos eso —dijo Celia—. Solo te contamos la verdad acerca de Dios y dejamos que tú decidas solo.

—Me parece que eso puedo manejarlo —dijo Jerry—, quizá vaya a esa iglesia de ustedes de tanto en tanto.

—Hazlo —dijo Evan—, nos gusta hablarles de las cosas que amamos a nuestros amigos.

### Recuerda

*Los que instruyen a las multitudes en el camino de la justicia brillarán como las estrellas por toda la eternidad.*
*Daniel 12:3*

## HABLA ACERCA DE JESÚS.

¡Tú puedes hacerlo!

Algunas veces es difícil hablar de Jesús con las personas que no quieren hablar de Él. Pero esas son las personas que más necesitan que les hablen de Él, así que no te rindas.

# El debut

**Comparte tu valor con otros.**

Millie espió detrás del telón del escenario y de inmediato sintió un nudo en la garganta. El auditorio de la escuela estaba repleto y hasta se veía gente parada en el fondo.

—¿Tenemos mucho público? —preguntó Keri.

—Muchísimo —dijo Millie—, me siento un poco mal.

—Te irá fantástico —dijo Keri—, tienes una voz hermosa y sabes tu canción. Estuviste perfecta la otra noche en el ensayo general.

—En el ensayo general no había público —se lamentó Millie.

—¡Estarás maravillosa! —dijo Keri con más entusiasmo aun.

—Tú has hecho esto un montón de veces antes, Keri —dijo Millie—. Es la primera vez que yo hago un solo.

—Bueno, te diré lo que haremos —dijo Keri—. Yo estoy parada en el coro justo detrás de ti. Si olvidas la letra, cantaré contigo. Si flaqueas, me adelanto y canto el resto de tu canción.

Millie se rió:

—¿Por qué no la cantas tú directamente?

—No, en esta noche tienes que brillar tú —dijo Keri—. Pero te diré algo que a mí me sirve, canta para el fondo. No mires a las luces ni mires a la primera fila de asientos.

—Gracias —dijo Millie—, la Srta. Beecher también me dijo eso.

—Oye, ya es nuestro turno —dijo Keri.

Y antes de que se diera cuenta, Millie se apuró a ponerse en la fila. Mientras las dos estaban en la fila, Keri se dio vuelta y le hizo un gesto con sus pulgares hacia arriba. Millie sonrió y pensó: *¡Qué grandioso es tener una amiga que no tiene miedo de compartir el reflector... o su valor!*

### Recuerda

*Conforten a los que tienen miedo.*
*1 Tesalonicenses 5:14, LBD*

## ANIMA A ALGUIEN HOY.

### ¡Tú puedes hacerlo!

*Dar ánimo es poner de tu valor en otra persona. ¿Conoces a alguien que tenga miedo? ¡Haz lo que puedas para animar a esa persona!*

# Índice

# Reconocimientos

# ¿Estás preparado para una aventura con Dios?

ISBN 978-07899-1890-1

Dedica solo unos minutos cada día para descubrir al Dios que te ama.
Él te conoce y quiere lo mejor para ti. Las páginas de este devocionario
están llenas de historias divertidas y poderosos pasajes bíblicos para
chicos como tú. ¡Este fantástico libro te ayudará a encontrar el camino
hacia una emocionante y alegre vida con Dios!

Unilit
Publicamos para la familia

www.editorialunilit.com